Christa Troll / Michaela Engelhardt /
Simone Simmet / Nadine Lohmann / Anna Wagner

Hauswirtschaft für Anfänger

Das kleine 1 x 1 rund um Küche und Ernährung

Auer

Gedruckt auf umweltbewusst gefertigtem, chlorfrei gebleichtem und alterungsbeständigem Papier.

4. Auflage 2015
Nach den seit 2006 amtlich gültigen Regelungen der Rechtschreibung

Illustrationen: Bettina Weyland, Corina Beurenmeister, Cartoonstudio Meder
Umschlagfoto: fotolia.com
Satz: Fotosatz H. Buck, Kumhausen
Druck und Bindung: Aubele Druck GmbH, Kempten
ISBN 978-3-403-**06316**-2

www.auer-verlag.de

Inhalt

1 Vorüberlegungen

Gesellschaftliche Bedeutung des Faches

Hauswirtschaft und gesunde Ernährung gewinnen eine immer größere Bedeutung in unserer Gesellschaft. In der westlichen Welt kämpfen immer mehr Kinder und Jugendliche mit ernährungsbedingten Krankheiten, wie Übergewicht, Magersucht usw. Diese Entwicklung gefährdet unsere Zukunft, da vor allem übergewichtige Kinder zu einem hohen Prozentsatz übergewichtige Erwachsene mit vielen ernährungsbedingten Krankheiten werden. Eine fundierte Ernährungserziehung in allen Schularten ist unabdingbar. Eine rein theoretische Aufbereitung des Themas kann jedoch keine grundlegende Änderung des falschen Essverhaltens erreichen. Schüler[1] sollen mit allen Sinnen erfahren, dass gesundes Essen mit einfachen Techniken leicht zuzubereiten ist und lecker schmeckt.

Grundwissen und Rezepte

Um sich gesund ernähren zu können, muss ein gewisses Maß an Grundkenntnissen über Ernährung, Lebensmittel usw. geschaffen werden. Anhand einfacher theoretischer Grundlagen können die Schüler diese Kenntnisse in Verbindung mit praktischen Arbeits- und Kochaufgaben erwerben. Dazu finden sie einfache Rezepte vor. Anhand dieser Rezepte lernen Schüler Basistechniken der Nahrungszubereitung. Viele Bilder erleichtern das Verständnis neuer Techniken.

Zeit ist ein kritischer Faktor im Hauswirtschaftsunterricht. Es wurde darauf geachtet, dass diese Gerichte auch in einem zweistündigen Unterricht hergestellt und gegessen werden können.

Motivierendes Arbeitsmaterial

Viele Bilder veranschaulichen die Lerninhalte und erleichtern gerade schwächeren Schülern oder Schülern mit schlechten Deutschkenntnissen den Zugang zum Lehrstoff.

Spielerische Lernmaterialien, z. B. Klammerkarten, Zuordnungskarten usw. haben einen hohen Motivationswert. Der Schüler kann mithilfe dieser Materialien Lerninhalte selbstständig üben oder vertiefen und in offenen Unterrichtsphasen aktiv Verantwortung für seinen eigenen Lernprozess übernehmen.

Herstellen der Medien

Es empfiehlt sich wegen der besseren Haltbarkeit, Medien, die öfter verwendet werden, zu laminieren, z. B. Lernspiele und Plakate.

Bei Zuordnungsspielen, Dominos und Lernmemos ist es zweckmäßig, die Kopiervorlage auf farbiges Tonpapier zu kopieren, da sonst der Druck auf der Rückseite durchscheint und die Schüler zum Mogeln verführt.

Viele Materialien bestehen aus Einzelteilen. Um zu vermeiden, dass sie verloren gehen, können sie in einfachen Papierumschlägen, Schachteln, Dosen oder Verpackungen aufbewahrt werden.

Bei manchen Materialien wäre es der Optik wegen wünschenswert, dass die Bilder angemalt werden, so besitzt das Material einen höheren Motivationscharakter für die Schüler.

Bei der Erstellung der Spiele können Sie sich immer an den oben beschriebenen Anweisungen orientieren. Im ganzen Buch über gilt:

- ------ Gestrichelte Linien werden gefaltet.
- ——— Durchgezogene Linien werden geschnitten.
- ✂ An Schneidelinien finden Sie dieses Symbol vor.
- ⌒ Pfeile zeigen Ihnen die Faltrichtungen an.

Thematischer Aufbau

Basiswissen und Basistechniken im Hauswirtschaftsunterricht stehen in diesem Buch im Mittelpunkt. Sie finden zu jedem Basisbaustein Medien für die Gestaltung des Unterrichts, schüleraktive Arbeitsmaterialien und Arbeitsblätter vor. Anhand vieler einfacher Rezepte können die Arbeitstechniken erlernt und geübt werden.

Bei jedem neuen Kapitel finden Sie Lehrplanbezüge zu den unterschiedlichsten bayrischen Lehrplänen, eine Aufstellung der zu erlernenden Kompetenzen und eine Übersicht über die Medien und deren unterrichtspraktische Realisierung sowie eine Mindmap mit Lerninhalten vor.

[1] Aufgrund der besseren Lesbarkeit ist in diesem Buch mit Schüler auch immer Schülerin gemeint, ebenso verhält es sich mit Lehrer und Lehrerin etc.

Rezepte	z. B. Salatplatte, Kartoffelcremesuppe, Kartoffelpuffer mit Apfelmus
Arbeitsblätter	z. B. Wir zerkleinern Lebensmittel, Wir schneiden Lebensmittel, Wir raspeln, hobeln, reiben Lebensmittel
Arbeitsmaterialien, z. B. Arbeitsaufträge, Lernspiele	z. B. Gruppenarbeit, Zuordnungskarte, Zuordnungsspiel
Unterrichtsmedien, z. B. Wortkarten, Bilder, Plakate	z. B. Bilder
Basiswissen und Basistechniken in der Schulküche	z. B. Basistechnik Zerkleinern

Einsatzmöglichkeiten der Kopiervorlagen

Die Kopiervorlagen sind so konzipiert, dass sie in unterschiedlichen Schularten, Fächern und Jahrgangsstufen eingesetzt werden können.

Schulart	Fächerübergreifende Verbindungen	Jahrgangsstufe
Grundschule	• Heimat- und Sachunterricht • Sport • Mathematik • Deutsch	1–4
Mittelschule	• Hauswirtschaftlich-sozialer Bereich • Arbeit – Wirtschaft – Technik • Deutsch • Werken – textiles Gestalten (Lernbereich gesundheitsbewusstes Verbraucherverhalten)	5–9 (10)
Förderschule (Schwerpunkte Lernen, Sprache, geistige Entwicklung)	• Hauswirtschaft • Berufs- und Lebensorientierung • Mathematik • Deutsch	1–9

Umgang mit den Arbeitsblättern

Da die Zeit ein kritischer Faktor im Hauswirtschaftsunterricht ist, sind die Arbeitsblätter so konzipiert, dass das Bearbeiten und Ausfüllen möglichst schnell geht.

Die reiche Bebilderung trägt sowohl bei Grund- und Förderschülern, bei leistungsschwächeren Schülern, als auch bei Schülern mit Sprachschwierigkeiten zu einem besseren Verständnis bei.

Arbeitsaufträge und Symbole:
Die Arbeitsblätter sind mit Arbeitsaufträgen versehen. Dies gibt Ihnen die Möglichkeit, sie als Gesamtzusammenfassung, als Kontrolle oder Differenzierung zu verwenden.

- Ordne zu./Nummeriere./Fülle aus.
- Schneide aus.
- Klebe auf.
- Verbinde mit Pfeilen.
- Symbol für eine Regel/Merke
- ? Symbol für eine Frage
- ✗ Kreuze an.

Lösungen:
Zu manchen Arbeitsblättern finden Sie am Ende des Buches einen Lösungsbaustein mit möglichen Antworten vor. Bei den betreffenden Arbeitsblättern steht am unteren Rand ein Lösungsvermerk.
Dies ist immer nur ein Vorschlag. Verwenden Sie Formulierungen, die im Unterrichtsgespräch von Ihren Schülern erarbeitet werden.

Name:	Klasse:	Datum:	Fach:	Nr.:

Die elektronische Waage

Tasten der Waage

Beschrifte die Waage.

Abstellfläche

Display

Ein- und Ausschalttaste On/off-Taste
⇨ Durch Drücken dieser Taste kann man die Waage auf „0" zurückstellen.

Tara- oder Reset-Taste

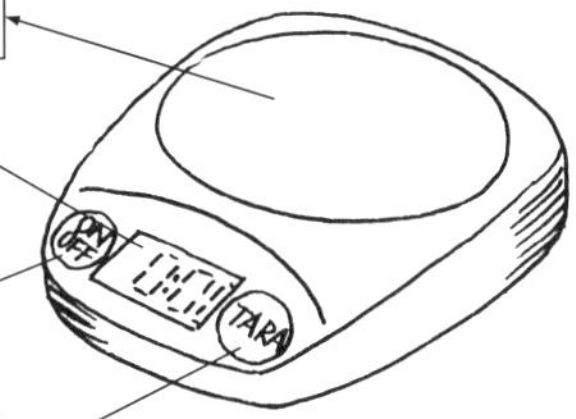

Bedienung der mechanischen Waage

Trage ein: on/einschalten | Tara | off/ausschalten

1. Waage einschalten:
   ⇨ Drücke die Taste *on/einschalten*
2. Teller aufstellen
3. Waage auf „0" zurückstellen:
   ⇨ Drücke die Taste *Tara*
   ⇨ Warten, bis die „0" erscheint
4. Gewünschte Menge abwiegen
5. Waage ausschalten:
   ⇨ Drücke die Taste *off/ausschalten*

Lösung: Seite 144

Differenzierung für leistungsschwache Schüler:
Bei manchen Arbeitsblättern sind die Lösungen in Textbausteinen vorhanden. Bei leistungsschwachen Schülern könnte man statt dem Schreiben diese Textbausteine ausschneiden und aufkleben lassen.

Selbstständigkeit und Selbstkontrolle der Schüler:
Die Arbeitsblätter sind so gestaltet, dass Schüler sie selbstständig bearbeiten können. Leistungsschwächeren Schülern, die Probleme mit der Rechtschreibung haben, hilft es, mögliche Lösungen bereits auf dem Arbeitsblatt vorzufinden und diese nur richtig zuordnen zu müssen.

Differenzierung für schnelle Schüler:
Viele Arbeitsblätter und Aufträge lassen sich als Differenzierung für schnellere Schüler verwenden.
Leerlauf, der zu Unruhe führt, kann so vermieden werden und schnellere Schüler können zusätzlich gefördert werden.

2 Küche als Arbeitsplatz

Lehrplanbezug:

Mittelschule, 7.–10. Jahrgangsstufe
Hauswirtschaftlich-sozialer Bereich
7.2.2 Hygienemaßnahmen praktizieren
8.4 Orientierung über Tätigkeiten im privaten Haushalt

Förderschule, Förderschwerpunkt Lernen
Hauswirtschaft, 5.–6. Jahrgangsstufe und Berufs- und Lebensorientierung, 7.–9. Jahrgangsstufe (BLO)
3. Die Küche als Arbeitsplatz kennen lernen
2.3 Tätigkeiten im Berufsfeld Hauswirtschaft ausführen
   - Arbeitsplatz Küche
2.5 Berufsfeldspezifische Anforderungen und Kompetenzen
   - Arbeitsplanung
   - Sorgfalt und Sauberkeit

Kompetenzen:

- Die Schulküche kennen und sich bei verschiedenen Tätigkeiten zurechtfinden.
- Das Inventar kennen und sachgerecht benennen sowie damit umgehen.
- Die Bedeutung von Hygiene bei der Nahrungszubereitung kennen und Nahrungsmittel hygienisch einwandfrei verarbeiten.

Medien und deren unterrichtspraktische Realisierung:

Wort- und Bildkarten
- „Tätigkeiten im Haushalt"
- „Inventar der Schulküche"
- Möglicher Einsatz:
   - Tafelanschrift
   - Plakate für die Küche
   - Zuordnungsaufgabe bei der Erarbeitung, als Übung oder Differenzierung

Domino „Hygiene"
- Sicherung
- Freiarbeit

Arbeitsblätter
- „Wie nützlich bist du zu Hause?", Schülerbefragung
- Essbesteck
- Vorlagebesteck
- Arbeitsbesteck
- Persönliche Hygiene
- Hygiene am Arbeitsplatz
- Möglicher Einsatz:
   - Gesamtzusammenfassung
   - Kontrolle

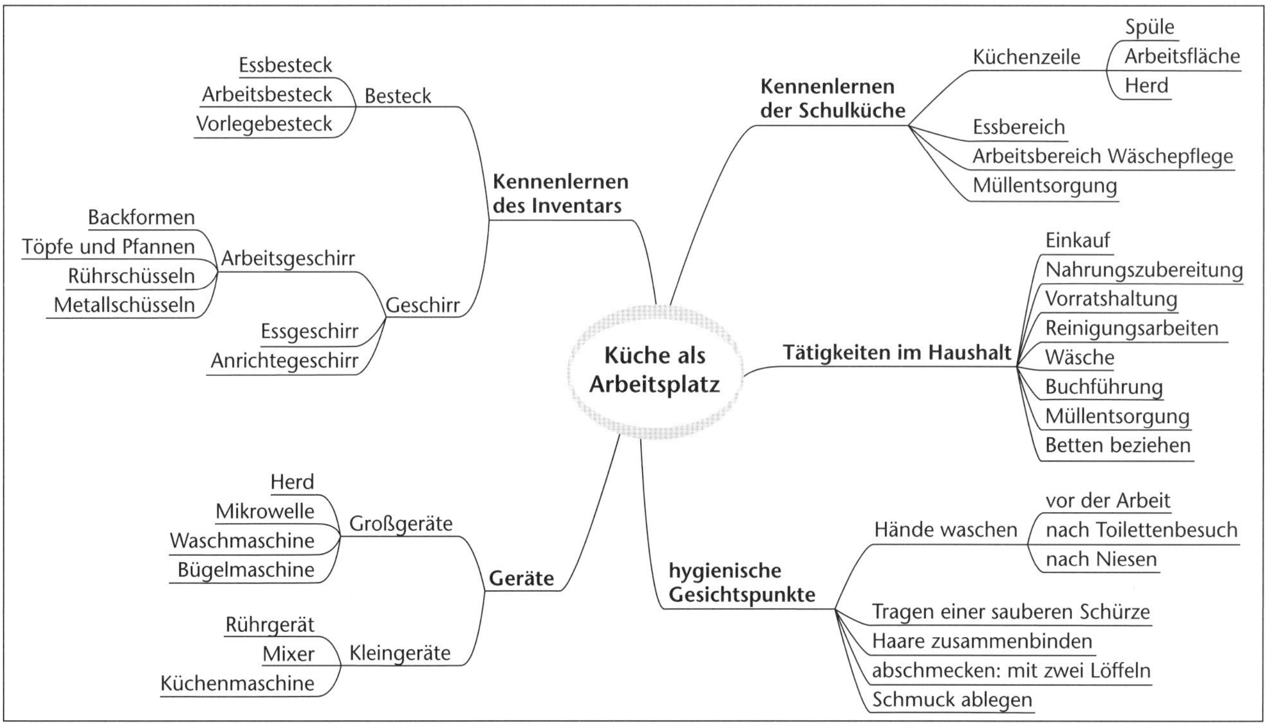

2.1 Wort- und Bildkarten: Tätigkeiten im Haushalt

Methodische Hinweise:

- Wort- und Bildkarten vergrößern, laminieren
- Mithilfe dieser Bildkarten können die Aufgabenbereiche im Hauswirtschaftsunterricht erarbeitet werden.
- Einsatz bei der Erarbeitung eines Ämterplanes

Einkauf		**Wäsche bügeln**	
Nahrungs-zubereitung		**putzen**	
Vorrats-haltung		**Kinder betreuen**	
Geschirr spülen		**Buch-führung**	
Geschirr trocknen		**Betten beziehen**	
Wäsche waschen		**Müll entsorgen**	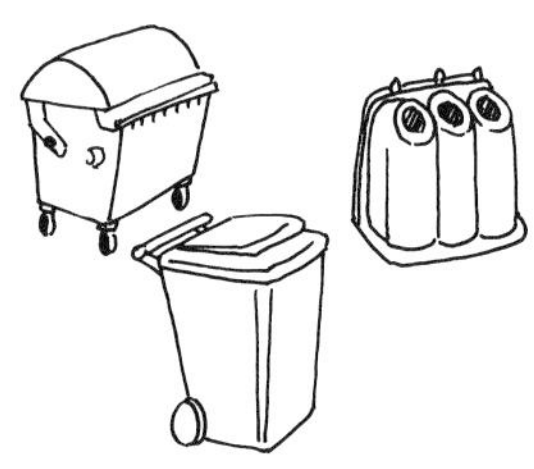

Name:	Klasse:	Datum:	Fach:	Nr.:

Wie nützlich bist du zu Hause?

Bewertung:
99–40 = Super fleißig!!!
39–20 = Hilfsbereit!
19–10 = Könntest mehr tun!
9–0 = Faule Socke!

Kreuze Zutreffendes an.

1 x am Tag

Januar
30
Dienstag
KW5 KW5

- ○ Tisch decken
- ○ Tisch abräumen
- ○ Tisch wischen
- ○ abspülen
- ○ abtrocknen
- ○ Geschirrspülmaschine einräumen, ausräumen
- ○ einkaufen
- ○ Mithilfe beim Kochen
- ○ Müll entsorgen
- ○ Wäsche waschen
- ○ Wäsche aufhängen
- ○ Wäsche zusammenlegen
- ○ Wäsche bügeln
- ○ ______________________

Summe X:

_______ · 3 = _______

1 x die Woche

Januar						
Mo	Di	Mi	Do	Fr	Sa	So
01	02	03	04	05	06	07

- ○ Müll entsorgen
- ○ einkaufen
- ○ Tisch decken
- ○ Tisch abräumen
- ○ abspülen
- ○ abtrocknen
- ○ Geschirrspülmaschine einräumen, ausräumen
- ○ Wäsche waschen
- ○ Wäsche aufhängen
- ○ Wäsche zusammenlegen
- ○ Wäsche bügeln
- ○ Betten abziehen/beziehen
- ○ Staubsaugen
- ○ Bad putzen
- ○ Küche putzen
- ○ Boden wischen
- ○ Zimmer aufräumen
- ○ Mithilfe beim Kochen
- ○ ______________________

Summe X:

_______ · 2 = _______

1 x im Monat

Januar						
Mo	Di	Mi	Do	Fr	Sa	So
01	02	03	04	05	06	07
08	09	10	11	12	13	14
15	16	17	18	19	20	21
22	23	24	25	26	27	28
29	30	31				

- ○ Bad putzen
- ○ Küche putzen
- ○ Boden wischen
- ○ Kühlschrank putzen
- ○ Staub saugen
- ○ Zimmer aufräumen
- ○ einkaufen
- ○ Müll entsorgen
- ○ Tisch decken
- ○ Tisch abräumen
- ○ abspülen
- ○ abtrocknen
- ○ Wäsche waschen
- ○ Wäsche aufhängen
- ○ Wäsche zusammenlegen
- ○ Wäsche bügeln
- ○ Betten abziehen, beziehen
- ○ Auto putzen
- ○ ______________________

Summe X:

_______ · 1 = _______

2.2 Wort- und Bildkarten: Inventar der Schulküche

Herstellen der Medien:
- Wort- und Bildkarten kopieren, evtl. vergrößern
- Wegen der längeren Haltbarkeit ist es sinnvoll, die Karten zu laminieren.

Unterrichtspraktische Hinweise:
- Einsatz als Spiel: Schüler ordnen die Wortkarten den Bildern zu
- Die Bildkarten können auch in der Schulküche an den Schränken befestigt werden.

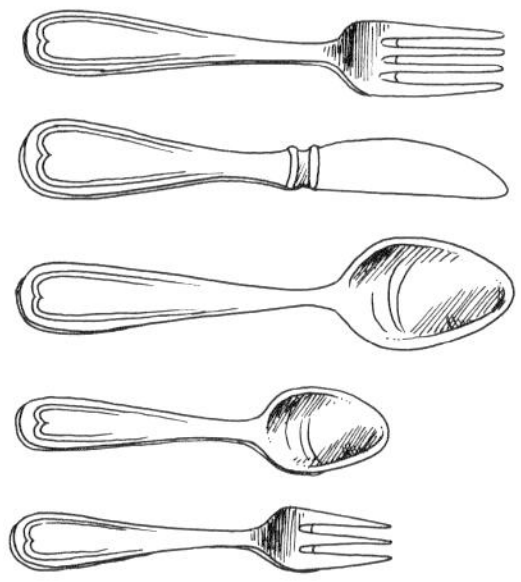	**Essbesteck**		**Arbeitsschüssel**
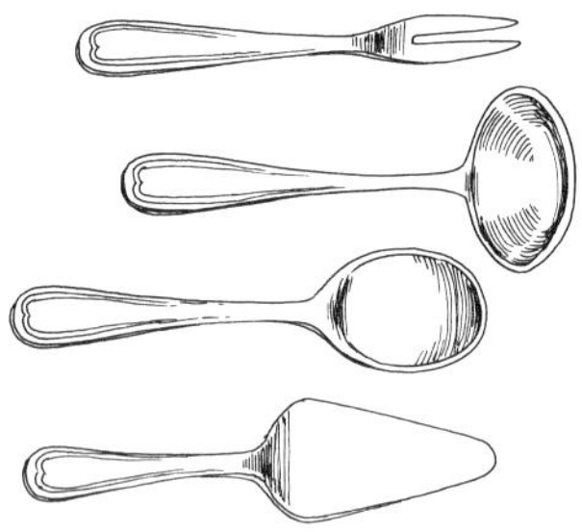	**Vorlegebesteck**		**Pfannen**
	**Essgeschirr**	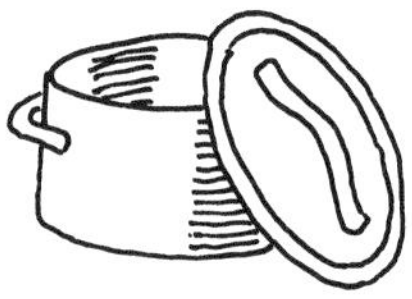	**Töpfe**
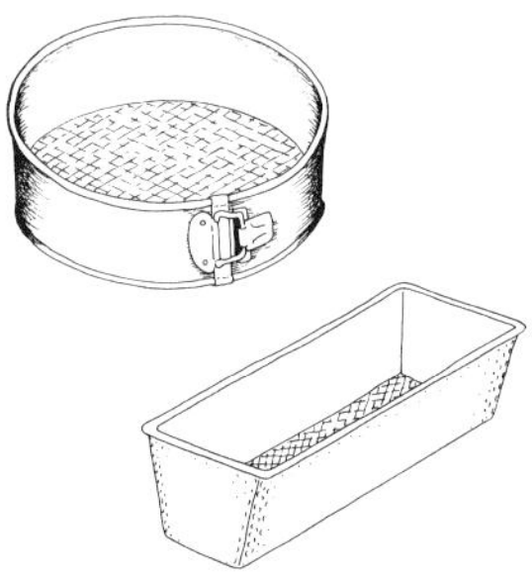	**Backformen**	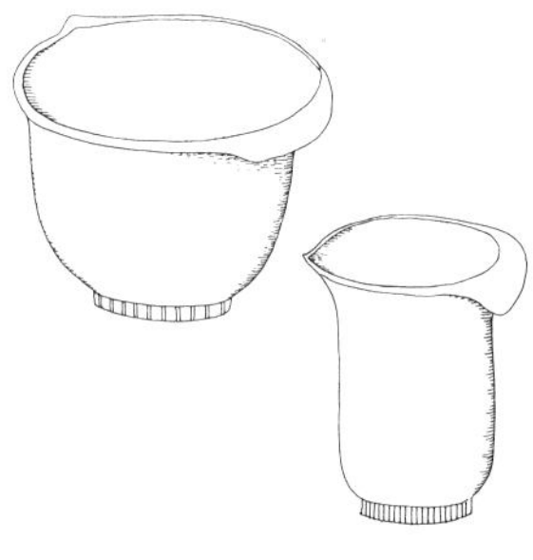	**Rührschüsseln**
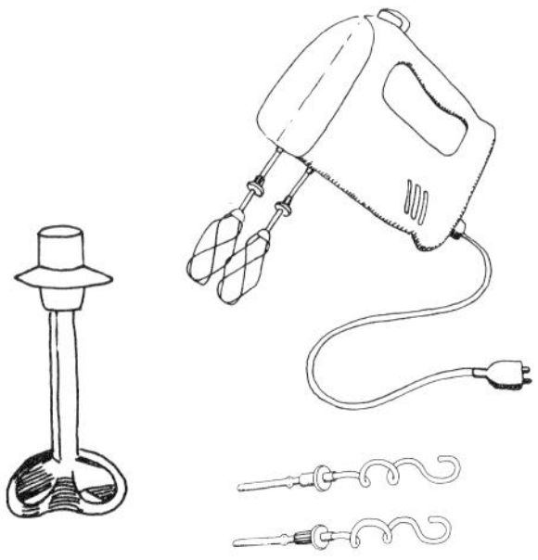	**Handrührgerät + Zubehör**		**Arbeitsgeräte und -besteck**

Name:	Klasse:	Datum:	Fach:	Nr.:

Essbesteck

Ordne die folgenden Begriffe richtig zu:

Kuchengabel | Messer | Gabel | Esslöffel | Teelöffel

____

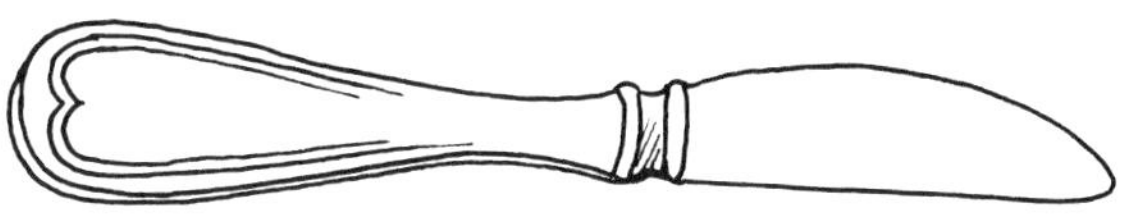

____

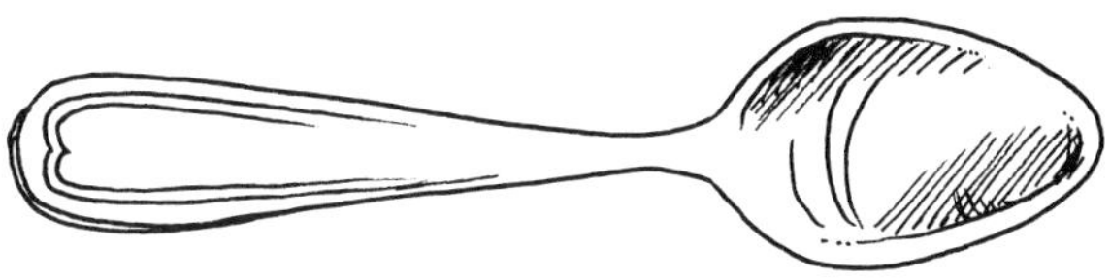

____

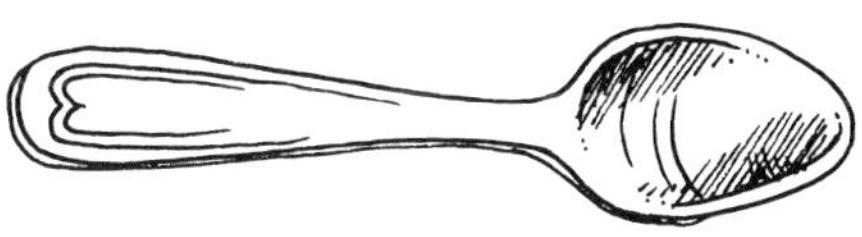

____

____

Name:	Klasse:	Datum:	Fach:	Nr.:

Vorlegebesteck

Ordne die folgenden Begriffe richtig zu:

Kuchenschaufel	Schöpflöffel	Fleischgabel	Beilagenlöffel

____

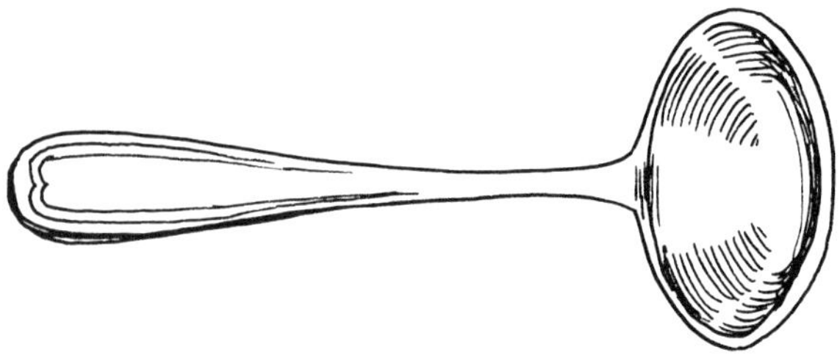

____

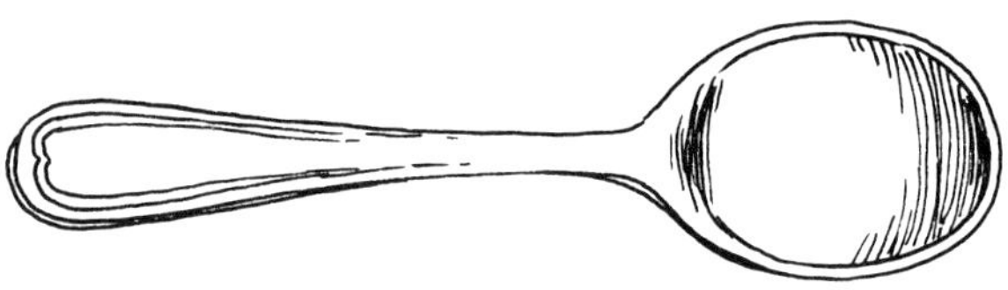

____

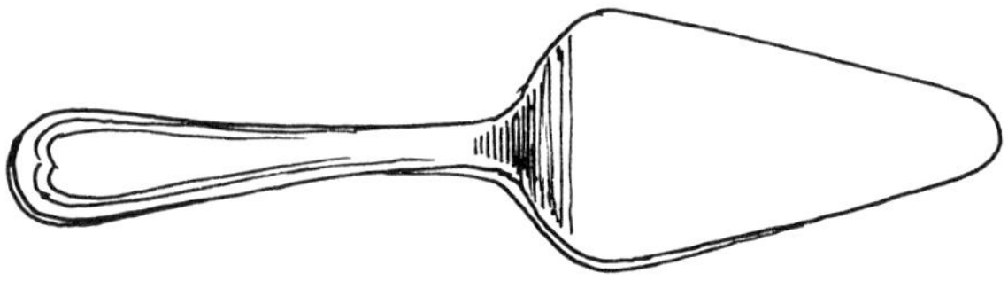

____

Name:	Klasse:	Datum:	Fach:	Nr.:

Arbeitsbesteck

Ordne die folgenden Begriffe richtig zu:

Schneebesen | Schäler | Pellkartoffelgabel | Kochlöffel

Teigschaber | Schneidemeser | Pfannenwender

____

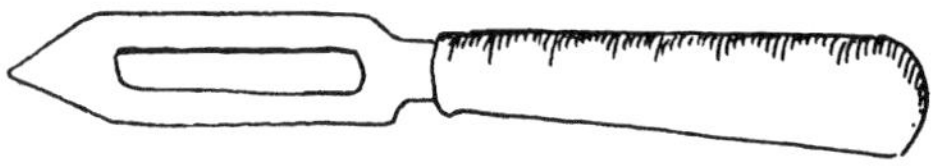

____

____

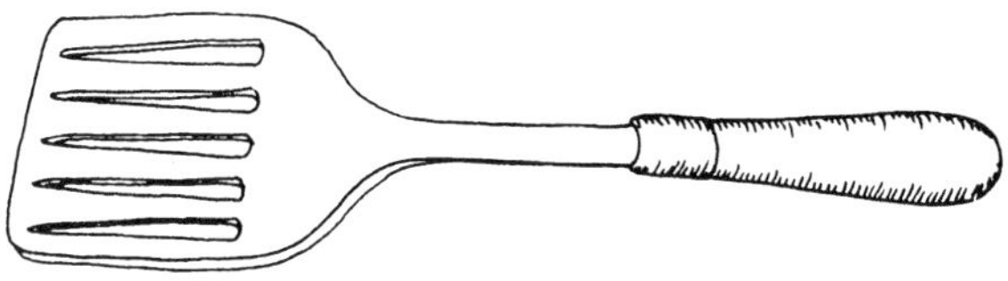

____

____

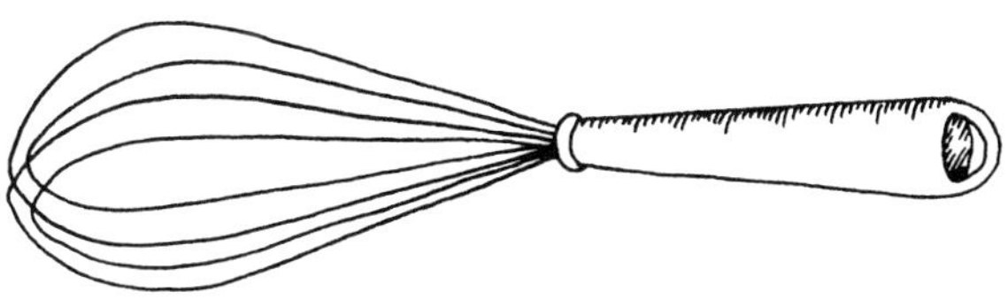

____

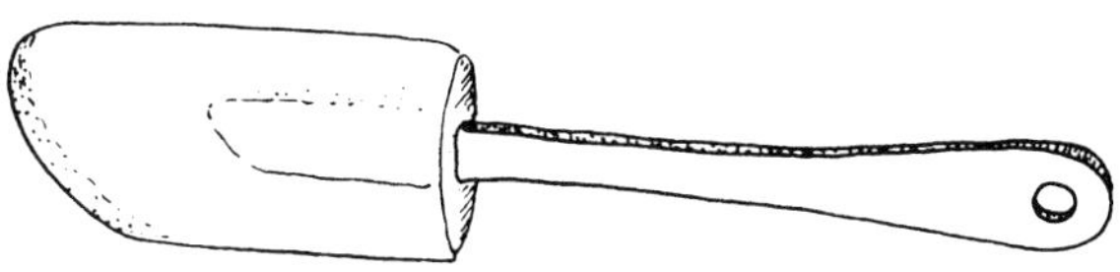

____

2.3 Domino „Hygiene“

Spielanleitung: Man beginnt mit der Start-Karte. Nun muss die Karte mit der richtigen Regel zum Bild gefunden werden. Zum Schluss muss die Ziel-Karte gelegt werden.

z. B.

Hygiene Start

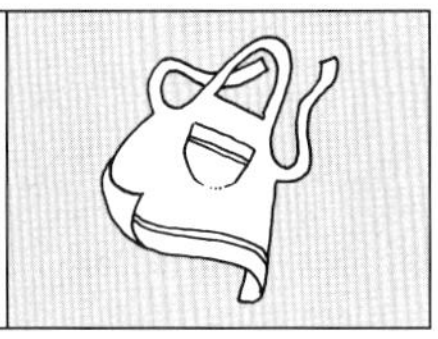

Schürze tragen

Hygiene Start

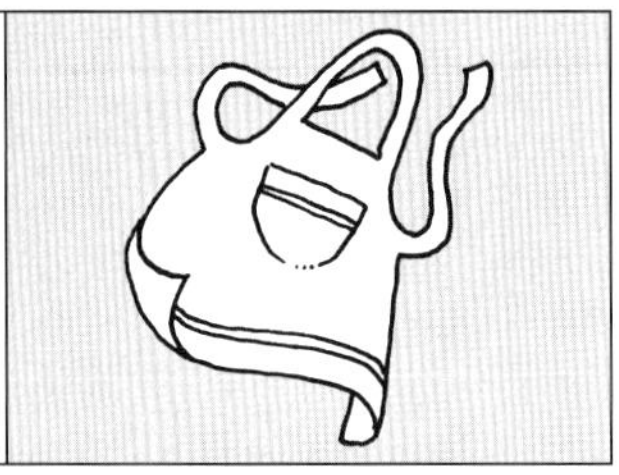

Schürze tragen

Haare zusammen-binden

Hände vor dem Kochen waschen

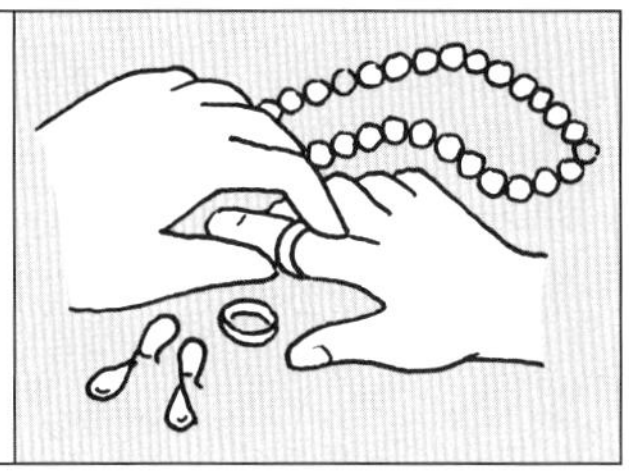

Schmuck ablegen

Nach dem WC Hände waschen

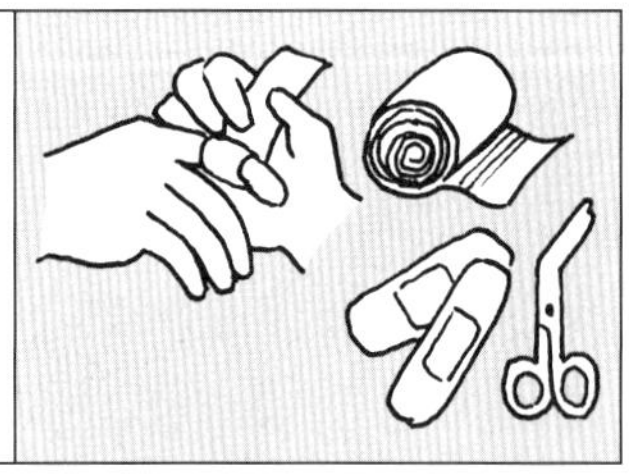

Wunden verbinden

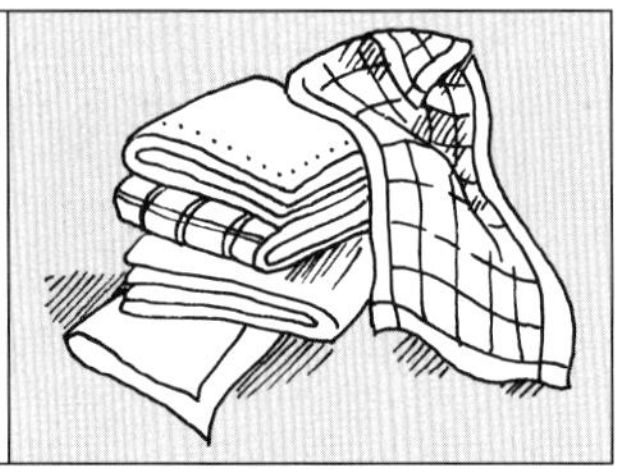

Saubere Tücher und Lappen bereitlegen

Arbeitsplatz zwischendurch wischen

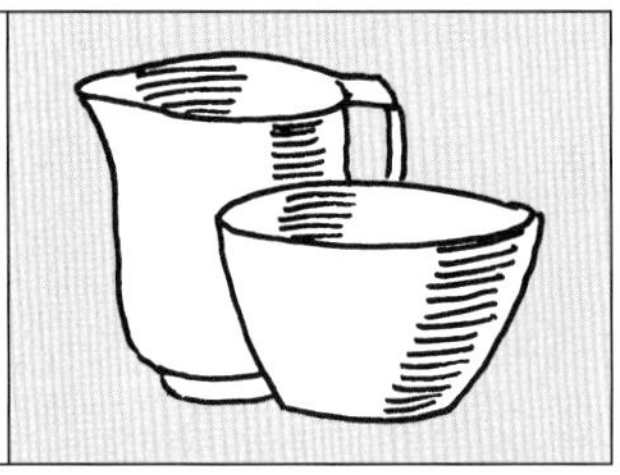

Ordnungstopf und Abfallschüssel vorbereiten

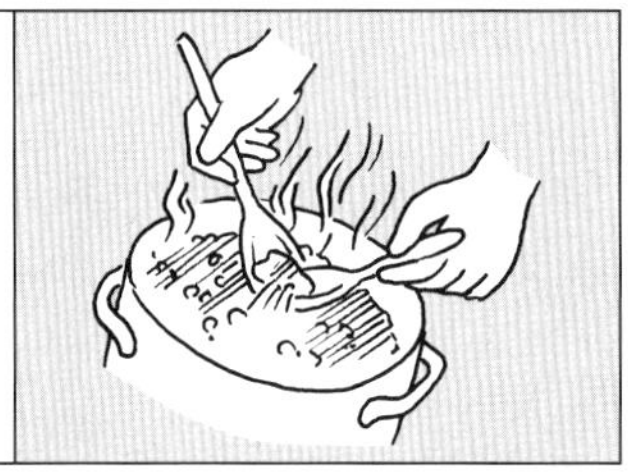

Mit zwei Löffeln probieren

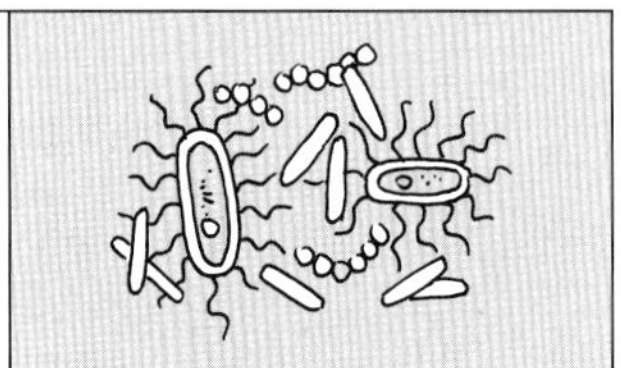

Bakterien …

können Krankheiten auslösen.

Hygiene Ziel

Name:	Klasse:	Datum:	Fach:	Nr.:

Persönliche Hygiene

➔ Verbinde die Bilder mit der richtigen Regel.

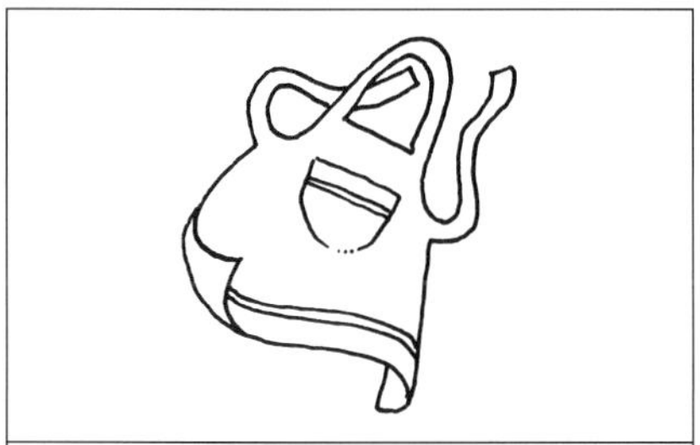

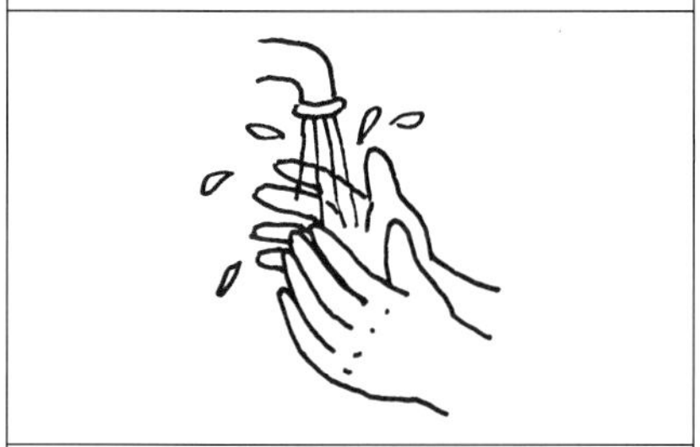

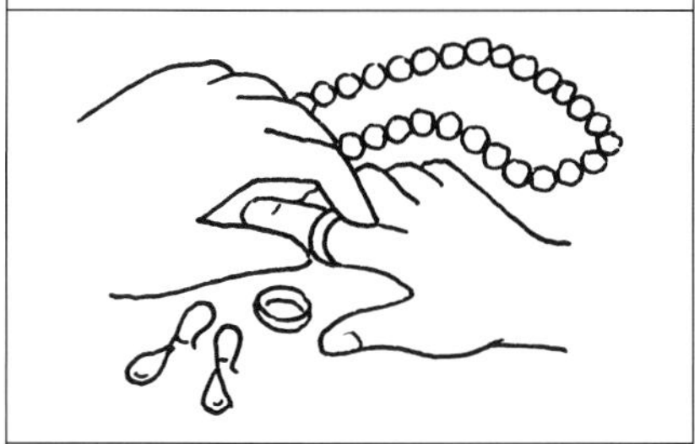

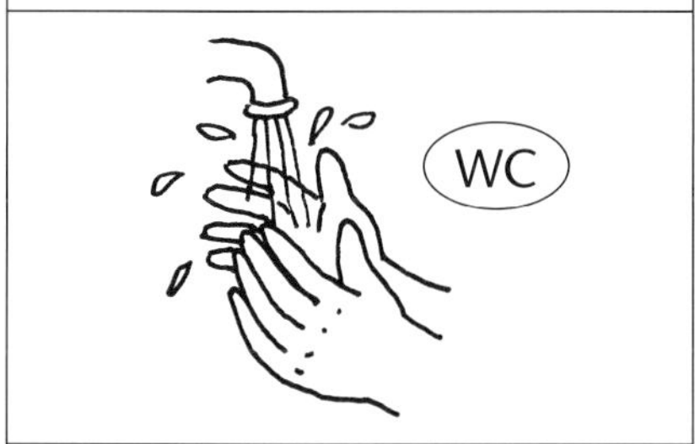

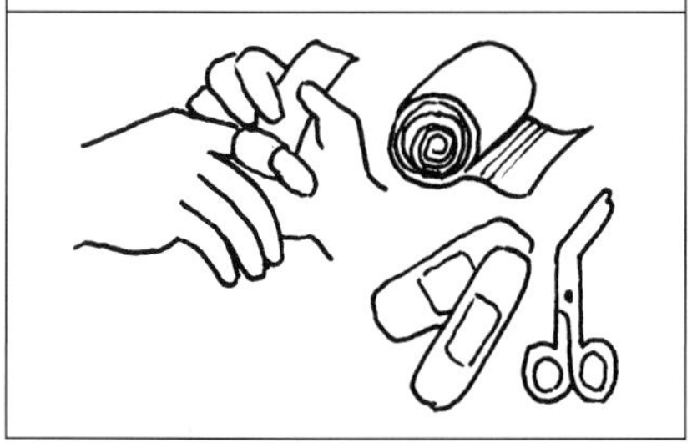

Haare zusammenbinden

Hände vor dem Kochen waschen

Schürze tragen

Nach dem WC Hände waschen

Wunden verbinden

Schmuck ablegen

Name:	Klasse:	Datum:	Fach:	Nr.:

Hygiene am Arbeitsplatz

➔ Verbinde die Kästchen mit der richtigen Regel.

	Arbeitsplatz zwischendurch wischen
	Ordnungsteller und Abfallschüssel vorbereiten
	Saubere Tücher und Lappen bereitlegen
	Mit zwei Löffeln Speisen probieren
Bakterien können ...	Sauberkeit.
Hygiene ist ...	Krankheiten auslösen.

Merke dir:

- Hygiene ist wichtig, damit wir gesund bleiben.
- Arbeiten wir unhygienisch, so können sich viele Bakterien (= Kleinstlebewesen) ausbreiten, die Krankheiten auslösen können.

3 Geschirr spülen

Lehrplanbezug:

Mittelschule, 7.–10. Jahrgangsstufe
Hauswirtschaftlich-sozialer Bereich
7.2.2 Hygienemaßnahmen praktizieren
7.3 Technische Hilfen im Haushalt nutzen
8.4 Orientierung über Tätigkeiten im privaten Haushalt

Förderschule, Förderschwerpunkt Lernen
Hauswirtschaft, 5.–6. Jahrgangsstufe und Berufs- und Lebensorientierung, 7.–9. Jahrgangsstufe (BLO)
3. Die Küche als Arbeitsplatz kennen lernen
4. Reinigungsarbeiten durchführen
2.5 Berufsfeldspezifische Anforderungen und Kompetenzen
   ○ Sorgfalt und Sauberkeit

Kompetenzen:

Das Spülen mit der Hand kennen und Geschirr unter Berücksichtigung hygienischer, ökologischer und ökonomischer Gesichtspunkte sachgerecht spülen.

Medien und deren unterrichtspraktische Realisierung:

Einsatz der Lernkarten
- Aufgabe für praktische Einzel- oder Partnerarbeiten
- Aufgaben für das Erarbeiten der Arbeitsblätter
- Aufgaben zum Üben und Wiederholen
- Aufgaben für Differenzierung
- Verwendung als Plakat (Kopiervorlage stark vergrößern)

Einsatz der Fragekarten
- Zum Üben in Einzel- und Partnerarbeit
- Als Differenzierung für schnellere Schüler

Einsatz des Arbeitsblattes
- Gesamtzusammenfassung
- Kontrolle in Einzel- oder Partnerarbeit
- Schriftliche Probe/Test

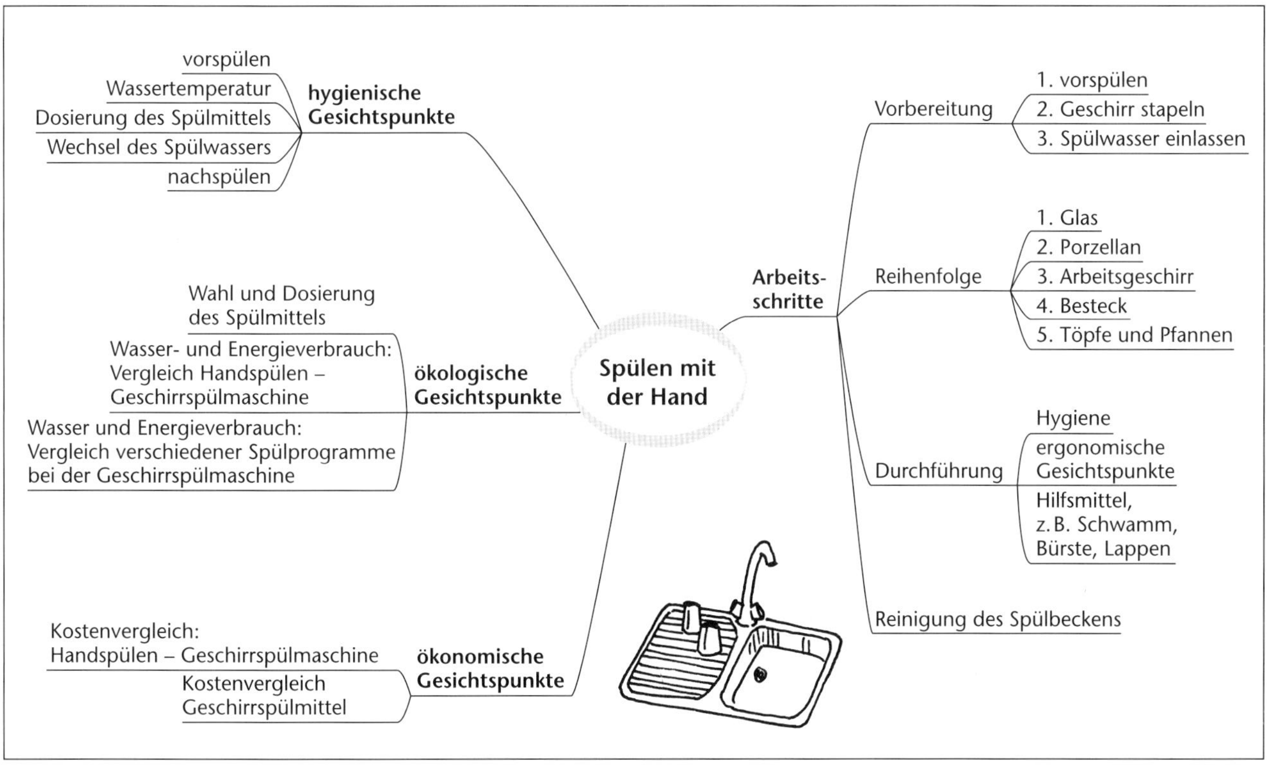

Lernkarten für das Spülen mit der Hand

Herstellen der Medien:
- Karten auf Tonpapier kopieren, evtl. vergrößern
- Karten wegen der besseren Haltbarkeit laminieren

Unterrichtspraktische Hinweise:
- Die Lernkarten können sowohl bei der Erarbeitung neuer Lerninhalte, als auch zum Wiederholen und Üben eingesetzt werden.
- Die Lernkarten können bei Schülervorarbeiten und bei Partner- und Gruppenarbeiten eingesetzt werden.
- Lernkarten können vergrößert kopiert und als Plakat verwendet werden.

Geschirr vorbereiten

1. Geschirr von groben Essensresten befreien
2. Stark verschmutzes Geschirr vorspülen oder einweichen
3. Geschirr sortieren
4. Geschirr rechts neben dem Becken stapeln

Beachte:
Je besser das Geschirr vorbereitet ist,
- desto weniger Zeit brauchst du zum Spülen und
- desto länger bleibt dein Spülwasser sauber.

Spülwasser vorbereiten

Links:	Rechts:
• Wasser zum Nachspülen	• Heißes Wasser • 1 Tropfen Spülmittel

Beachte:
- Dosiere das Spülmittel sparsam!
- Gib das Spülmittel erst am Schluss dazu, damit nicht zu viel Schaum entsteht.
- Das Spülwasser sollte so heiß wie möglich sein.

Geschirr spülen

1. Geschirr in das Becken legen
2. Geschirr mit dem Schwamm, Lappen oder Bürste spülen

3. Mit klarem Wasser nachspülen
4. Zum Abtropfen umgestülpt aufstellen

5. Geschirr mit dem Geschirrtuch abtrocknen

Beachte:
- Beginne mit dem sauberen Geschirr.
- Wechsle das Spülwasser, wenn es nötig ist.

Reihenfolge des Geschirrs

1. Gläser

2. Porzellan

3. Besteck

4. Arbeitsgeschirr

5. Töpfe und Pfannen

Beachte:
- Bei dieser Reihenfolge verschmutzt das Wasser nicht so schnell.

Hygiene beim Spülen

Spülwasser:
- Beachte die Reihenfolge beim Spülen.
- Stark verschmutztes Geschirr vorspülen und einweichen
- Heißes Spülwasser verwenden
- Spülwasser häufig wechseln
- Spüle mit klarem Wasser nach, um Spülmittelreste zu entfernen.
- Verwende beim Ablaufen des schmutzigen Spülwassers ein Sieb, um grobe Abfälle aufzufangen.

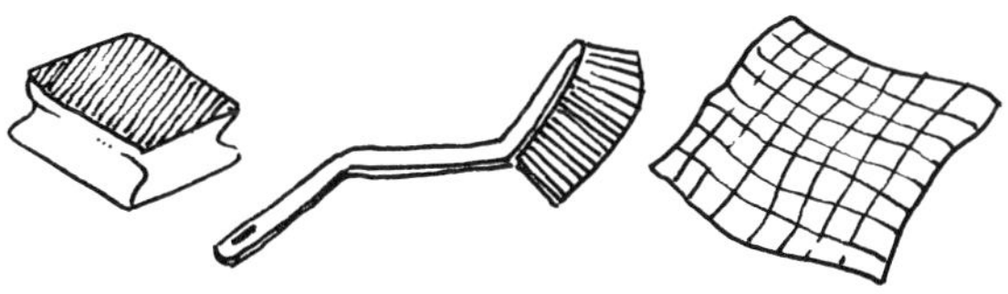

Schwamm, Bürste, Lappen, Handtuch:
- Erneuere den Schwamm und die Bürste häufig.
- Gib den Spüllappen und das Trockenhandtuch häufig in die Wäsche.

Energiespartipps beim Handspülen

- Spüle nie unter fließendem Wasser ab.
- Dosiere das Spülmittel sparsam: Ein Spritzer genügt.
- Fülle das Spülbecken nicht bis zum Rand mit Wasser.
- Beachte die Reihenfolge beim Spülen:
  1. Gläser
  2. Porzellan
  3. Besteck
  4. Arbeitsgeschirr
  5. Töpfe und Pfannen
- Spüle stark verschmutztes Geschirr vor.

Fragekarten für das Spülen mit der Hand

Herstellen der Medien:

- Karten kopieren, evtl. auf DIN A3 vergrößern
- Fragekarten falten und kleben, dann schneiden:
  ____ Schneidelinie
  ...... Faltlinie
- Tipp: Da die Kärtchen geklebt sind, ist es ratsam, die Laminierfolie 5 mm über den Rand stehen zu lassen.

Unterrichtspraktische Hinweise:

- Fragekarten können als Sicherung, Übung oder Kontrolle eingesetzt werden.
- Für Einzel- oder Partnerarbeit geeignet

 Wie bereitest du deinen Spülplatz vor?	1. Grobe Essensreste entfernen 2. Stark verschmutztes Geschirr vorspülen 3. Geschirr stapeln
 Warum spülst du stark verschmutztes Geschirr vor?	Damit das Spülwasser nicht so schnell schmutzig wird.
 Wie kannst du vermeiden, dass zu viel Schaum entsteht?	Spülmittel erst am Schluss zugeben Spülmittel sparsam verwenden!
 Nenne zwei Regeln zur Hygiene beim Spülen!	Wechsle das Spülwasser häufig. Gib die Geschirrhandtücher oft in die Wäsche.
 In welcher Reihenfolge spülst du das Geschirr?	 1. Gläser 2. Porzellan 3. Besteck 4. Arbeitsgeschirr 5. Töpfe und Pfannen

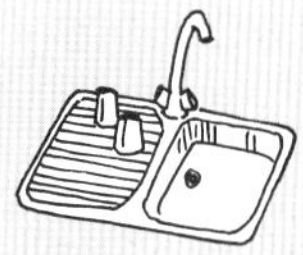 Wie viel Spülmittel gibst du in das Spülbecken?	Nur einen kleinen Spritzer Spülmittel. 
 Wie stellst du das Geschirr zum Abtropfen auf?	• Teller senkrecht • Tassen usw. umgestülpt 
 Welche Temperatur soll das Spülwasser haben, damit sich Fett gut löst?	So heiß wie möglich.
 Wie kannst du Wasser sparen?	Geschirr nicht unter fließendem Wasser spülen. Geschirr in der richtigen Reihenfolge spülen.
 Warum stapelst du das Geschirr vor dem Spülen?	Um Zeit beim Spülen zu sparen. 

Name:	Klasse:	Datum:	Fach:	Nr.:

Das Spülen mit der Hand

➔ Verbinde die Nummern mit den passenden Arbeitsschritten.

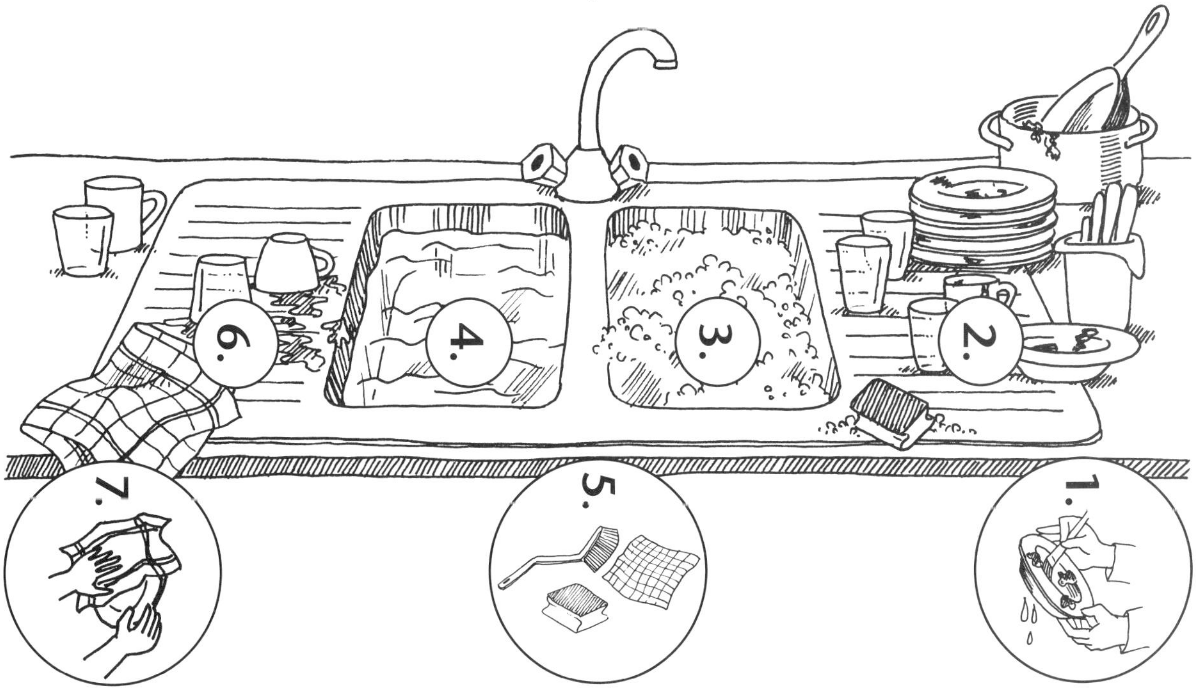

- Speisereste entfernen, Geschirr evtl. einweichen und vorspülen
- Geschirr mit Bürste oder Schwamm spülen
- Spülwasser + einen Spritzer Spülmittel einfüllen
- Schmutziges Geschirr rechts neben dem Becken stapeln
- Geschirr nachspülen und umgestülpt auf die Abtropffläche stellen
- Klares Wasser zum Nachspülen einfüllen
- Geschirr mit sauberem Handtuch abtrocknen

Nummeriere die Reihenfolge beim Spülen und notiere eine Merkregel.

____

____

4 Mülltrennung

Lehrplanbezug:

Mittelschule, 7.–10. Jahrgangsstufe
Hauswirtschaftlich-sozialer Bereich
7.1.1 Wirtschaftliches und umweltbewusstes Haushalten
7.2.2 Hygienemaßnahmen praktizieren
8.4 Orientierung über Tätigkeiten im privaten Haushalt

Förderschule, Förderschwerpunkt Lernen
Hauswirtschaft, 5.–6. Jahrgangsstufe und Berufs- und Lebensorientierung, 7.–9. Jahrgangsstufe (BLO)
3. Die Küche als Arbeitsplatz kennen lernen
4. Reinigungsarbeiten durchführen und Abfall beseitigen
2.4 Lebensmittel wirtschaftlich und umweltbewusst einkaufen
2.5 Berufsfeldspezifische Anforderungen und Kompetenzen
   - Sorgfalt und Sauberkeit

Kompetenzen:

- Müllarten unterscheiden und sachgerecht trennen
- Wertstoffe kennen und ortspezifisch entsorgen
- Restmüll erkennen und unter Beachtung von hygienischen Gesichtspunkten entsorgen

Medien und deren unterrichtspraktische Realisierung:

Einsatz der Wortkarten „Abfallarten"
- Tafelanschrift
- Plakate für die Mülleimer
- Zuordnungsaufgabe bei der Erarbeitung, als Übung oder Differenzierung

Mülldomino spielen
- In Einzel- und Partnerarbeit möglich
- Als Differenzierung für schnellere Schüler

Einsatz des Arbeitsblattes
- Gesamtzusammenfassung
- Kontrolle in Einzel- oder Partnerarbeit
- Schriftliche Probe/Test

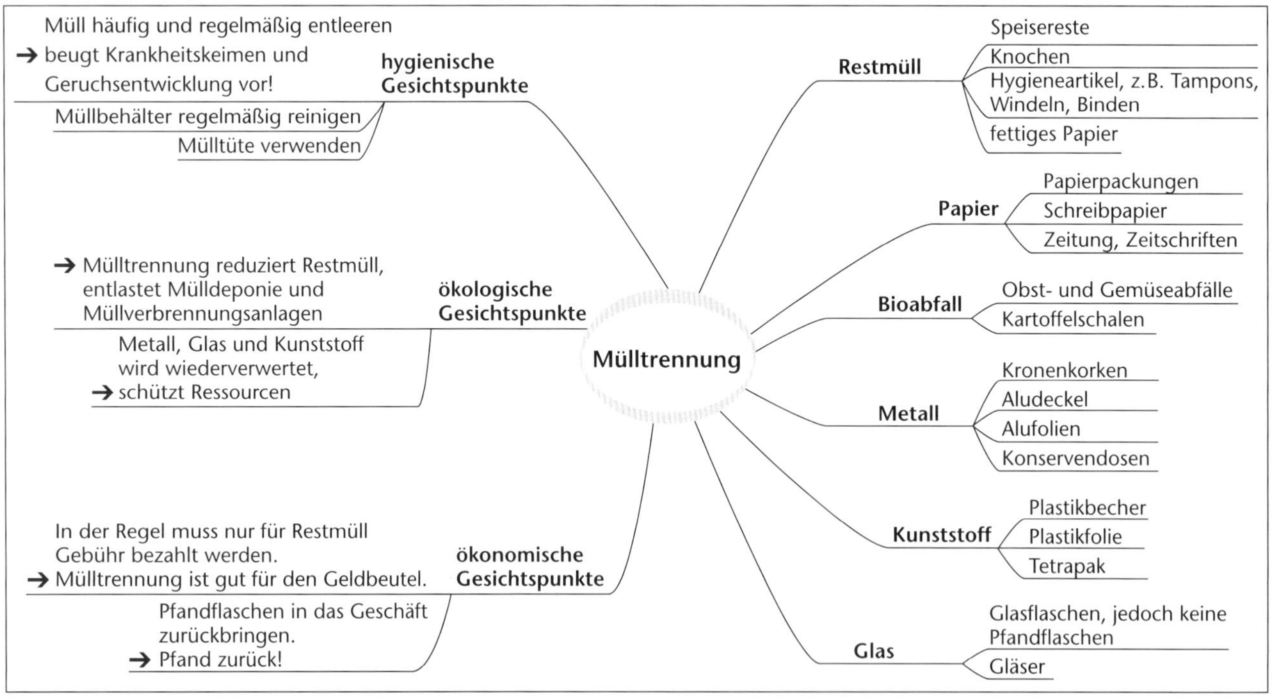

Wortkarten: Abfallarten

Herstellen der Medien:

- Wortkarten kopieren, evtl. vergrößern und laminieren
- Domino vergrößern, kopieren, laminieren und schneiden
- Klammerkarten kopieren, Lösungsstreifen nach hinten falten und kleben, Karte laminieren. Es werden für die Klammerkarten Wäscheklammern benötigt.

Unterrichtspraktische Hinweise:

- Die Wortkarten können auch auf dem Abfallbehälter befestigt werden.
- Das Arbeitsblatt kann mithilfe der Wortkarten ausgefüllt werden.
- Die Wortkarten „Abfallarten“ können auch zum Herstellen eines Arbeitsblattes oder Plakates verwendet werden.

Restmüll

Bioabfall

Papier

Metall

Kunststoff

Glas

Tetrapak

Plastik-
becher

Plastikfolie

Plastik

Dosen

Kronen-
korken

Aludeckel

Knochen

Speisereste

Lebens-
mittelreste

fettiges
Papier

gebrauchte
Papier-
taschen-
tücher,
Windeln,
Tampons

Papier

Papier

Gemüse-
abfälle

Obstabfälle

Kartoffel-
schalen

Flaschen

Domino Mülltrennung

Spielanleitung: Man beginnt mit der Start-Karte. Nun muss man die passende Karte für das rechte graue Feld finden und danebenlegen. Zum Schluss muss die Ziel-Karte gelegt werden.

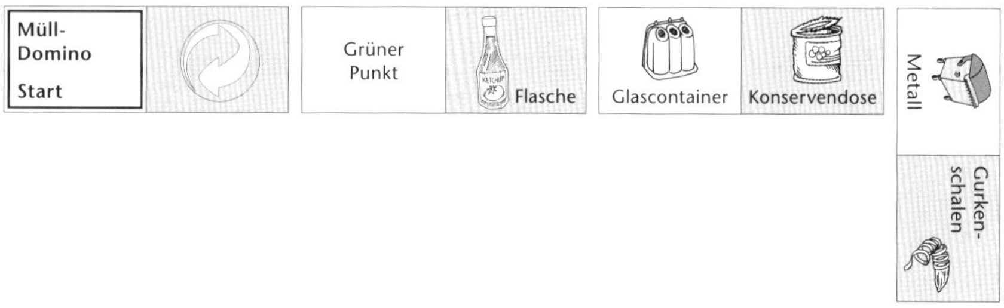

Klammerkarten: Mülltrennung

Herstellung: Lösungsstreifen nach hinten falten, kleben, Karte laminieren

Klammerkarte	Lösung
Glascontainer	
Bioabfall	
Restmüll	
Kunststoff	✓

Klammerkarte	Lösung
Glascontainer	
Bioabfall	
Restmüll	
Metall	✓

Klammerkarte	Lösung
Glascontainer	
Bioabfall	✓
Restmüll	
Kunststoff	

Klammerkarte	Lösung
Glascontainer	✓
Bioabfall	
Restmüll	
Kunststoff	

Klammerkarte	Lösung
Glascontainer	
Bioabfall	
Restmüll	
Kunststoff	✓

Klammerkarte	Lösung
Glascontainer	
Bioabfall	
Restmüll	✓
Kunststoff	

Klammerkarte

	Lösung
Glascontainer	
Bioabfall	
Restmüll	
Papier	✓

Klammerkarte

	Lösung
Glascontainer	
Bioabfall	
Restmüll	
Kunststoff	✓

Klammerkarte

	Lösung
Glascontainer	✓
Bioabfall	
Restmüll	
Kunststoff	

Klammerkarte

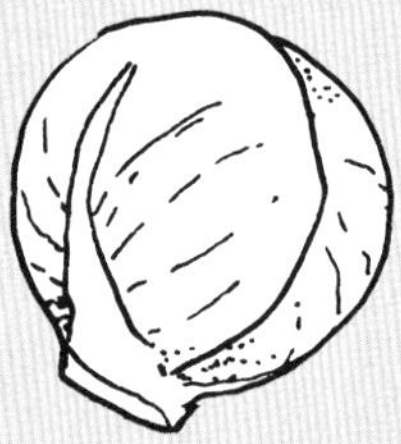

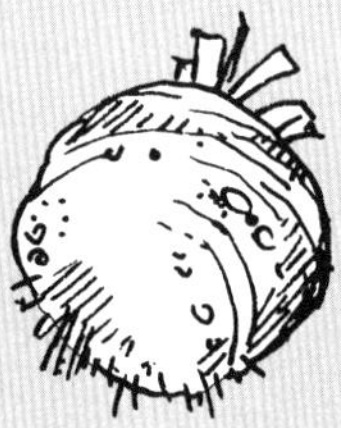

	Lösung
Glascontainer	
Bioabfall	✓
Restmüll	
Kunststoff	

Klammerkarte

Speisereste

	Lösung
Glascontainer	
Bioabfall	
Restmüll	✓
Kunststoff	

Klammerkarte

	Lösung
Glascontainer	
Bioabfall	
Restmüll	
Metall	✓

Name:	Klasse:	Datum:	Fach:	Nr.:

Wir trennen den Müll

Ordne folgende Begriffe zu:

Plastikbecher | Kronenkorken | Flaschen, jedoch keine Pfandflaschen | Windeln | Speisereste | Gemüseabfälle | Schreibpapier | Knochen | Zeitung | Aludeckel | Plastikfolie | Gläser | Tetrapak | Obstabfälle | fettiges Papier | Alufolie | Kartoffelschalen | Hygienebinden

Abfallart	Restmüll 	Bioabfall 	Papier 
Abfälle			

Abfallart	Metall 	Kunststoff 	Glas 
Abfälle			

5 Arbeiten mit dem Rezept

Lehrplanbezug:

Mittelschule, 7. – 10. Jahrgangsstufe
Hauswirtschaftlich-sozialer Bereich
7.3.2 Lebensmittel verarbeiten
7.4 Technische Hilfe im Haushalt nutzen

Förderschule, Förderschwerpunkt Lernen
Hauswirtschaft, 5. – 6. Jahrgangsstufe und Berufs- und Lebensorientierung, 7. – 9. Jahrgangsstufe (BLO)
8. Mit dem Messbecher umgehen
10. Mit dem Kochrezept arbeiten
17.2 Nahrungsmittel messen und wiegen
2.3 Tätigkeiten im Berufsfeld Hauswirtschaft ausführen
- ○ Messen
- ○ Wiegen

2.5 Berufsfeldspezifische Anforderungen und Kompetenzen
- ○ Arbeitsplanung
- ○ Sorgfalt und Sauberkeit

Kompetenzen:

- Ein Rezept lesen und selbstständig zubereiten.
- Die elektronische und mechanische Waage kennen und zum Abwiegen verschiedener Lebensmittel sachgerecht nutzen.
- Den Messbecher kennen und zum Abmessen von verschiedenen Flüssigkeiten sachgerecht nutzen.

Medien und deren unterrichtspraktische Realisierung:

Medien
- Wort- und Bildkarten „Mengenangaben im Rezept“, „Wir schreiben und lesen ein Rezept“
- Waage-Spiel mit Fragekärtchen
- Arbeitsblätter:
  - ○ Wir messen und wiegen Lebensmittel
  - ○ Viele Abkürzungen in der Rezeptsprache
  - ○ Wir üben das Messen und Wiegen
  - ○ Wir schreiben ein Rezept für Erdbeer-Shake
  - ○ Wir schreiben ein Rezept für Gurkensalat
  - ○ Wir teilen eine Tomate
  - ○ Wir teilen einen Apfel
  - ○ Wir messen Flüssigkeiten
  - ○ Wir markieren Flüssigkeiten
  - ○ Wir vergleichen Flüssigkeiten
  - ○ Die mechanische Küchenwaage
  - ○ Wir wiegen Mengen ab
  - ○ Die elektronische Waage
- Möglicher Einsatz:
  - ○ Gesamtzusammenfassung
  - ○ Kontrolle
  - ○ Differenzierung
  - ○ Waage-Spiel: Modell für die Tafel

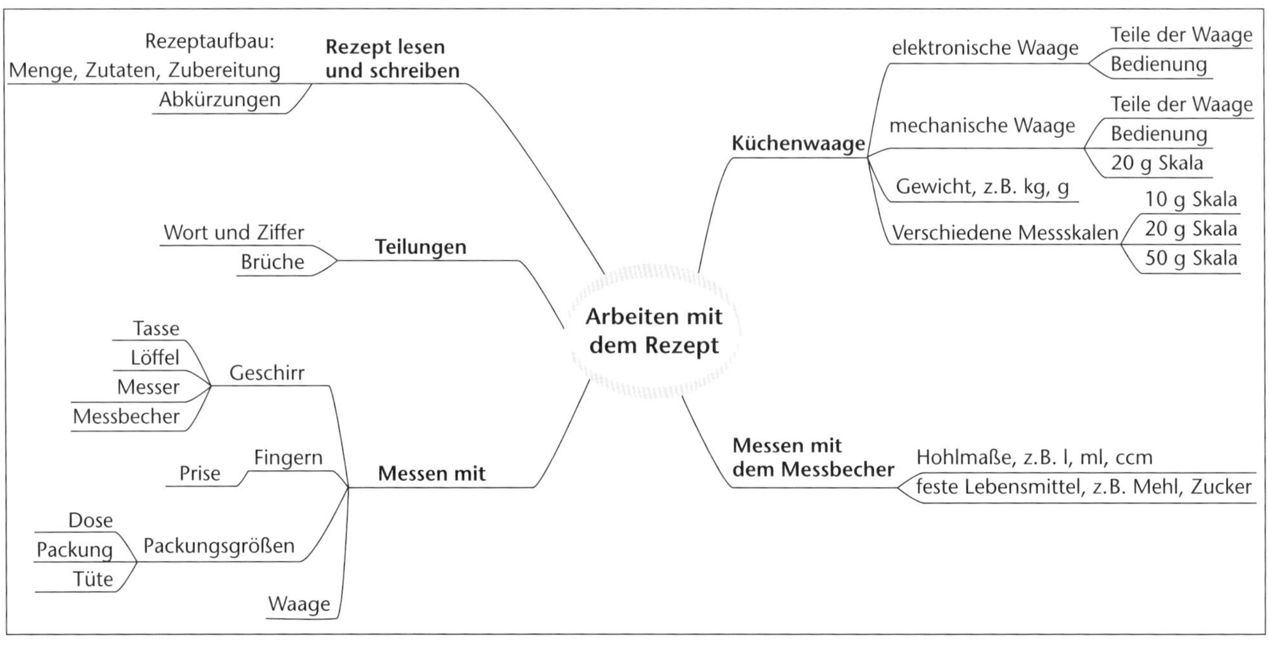

5.1 Wort- und Bildkarten: Mengenangaben im Rezept

Unterrichtspraktische Hinweise

- Wort- und Bildkarten vergrößern, kopieren, laminieren und schneiden
- Die weißen Kärtchen können auch für die Tafelanschrift des Rezeptes verwendet werden.

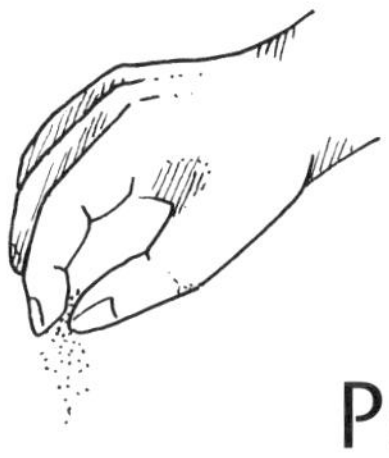 Prise	Pr.	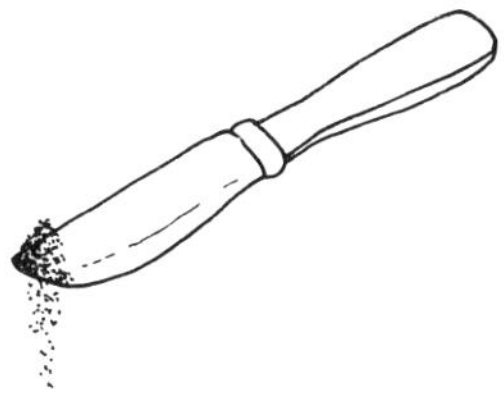 Messerspitze	Msp.
 Päckchen	P.	 Esslöffel (= 20 g)	EL
 Teelöffel (= 5 g)	TL	 Liter	l
 Kilogramm	kg	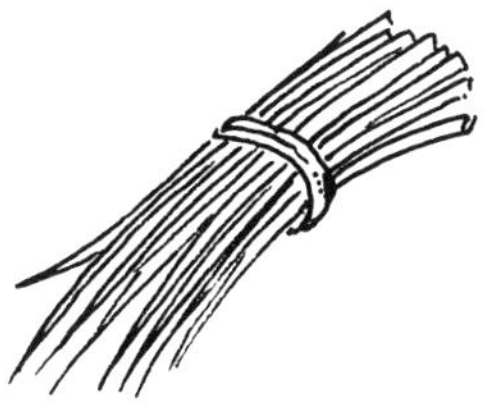 Bund	Bd.
 Gramm	g	 Milliliter	ml
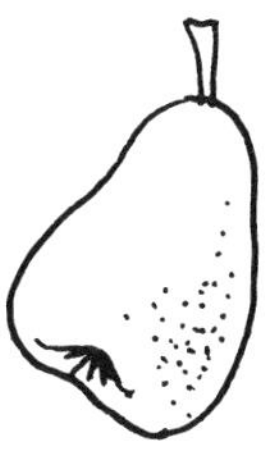 Stück	St.	 Kubik-centimeter	ccm

Name:	Klasse:	Datum:	Fach:	Nr.:

Wir messen und wiegen Lebensmittel

Trage folgende Begriffe in den Kästchen ein:

Möglichkeiten: Waage | Fingern | Geschirr | Messbecher

Abkürzungen: Pr. | TL | EL | l | ml | Msp. | T. | g | kg

Möglichkeiten		Abkürzung	Tipp
Messen mit den ______	 Prise	______	Menge, die zwischen Daumen, Zeige- und Mittelfinger passt.
Messen mit ______	 Esslöffel	______	Nur gestrichen voll machen
	 Teelöffel	______	Nur gestrichen voll machen
	 Tasse	______	Immer gleiche Tassengröße verwenden
	 Messerspitze	______	Menge, die auf die Spitze eines Messers passt.
Messen mit dem ______	 Liter – Milliliter	______ ______	Richtige Skala suchen und genau ablesen
Messen mit der ______	 Kilogramm – Gramm	______ ______	Waage muss immer auf 0 stehen.

Name:	Klasse:	Datum:	Fach:	Nr.:

Viele Abkürzungen in der Rezeptsprache

Trage die Abkürzungen ein.

Streiche die gefundenen Abkürzungen durch.

	= Päckchen
	= Dose
	= Tasse
	= Glas
	= Scheibe
	= Gramm
	= Kilogramm
	= Prise
	= Messerspitze
	= Esslöffel
	= Teelöffel
	= Liter
	= Milliliter
	= Kubikzentimeter
	= Stück
	= Bund

? Überlege: Warum sind die Mengenangaben in Rezepten oft abgekürzt?

____

Lösung: Abkürzungen sparen Platz und Zeit!

Name:	Klasse:	Datum:	Fach:	Nr.:

Wir üben das Messen und Wiegen

➔ Verbinde zum entsprechenden Messgerät.

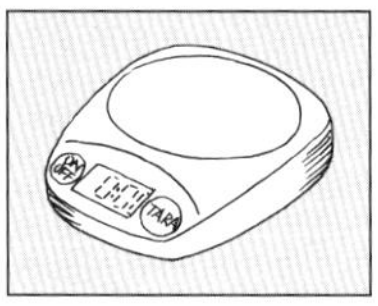

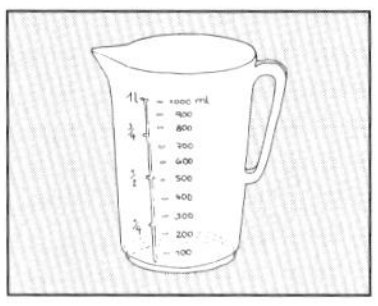

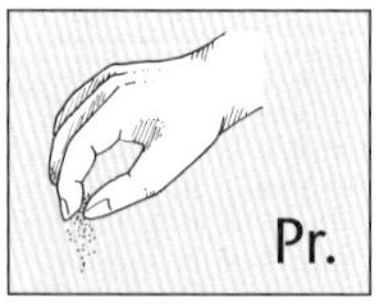

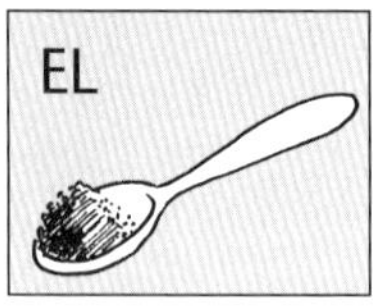

Amerikaner

Menge	Zutaten	Zubereitung
Teig:		
330 g	Mehl	1. Alle Zutaten abwiegen und messen
110 g	Zucker	2. Rührteig herstellen
1 Msp.	Vanillezucker	3. Backblech mit Backpapier auslegen
3 TL	Backpulver	
2	Eier	4. Teig mit EL portionieren
1 Pr.	Salz	5. Amerikaner backen
150 ml	Milch	180 °C 20 Min
150 ml	Öl	
Glasur:		
1/2 T.	Puderzucker	6. Zutaten für Glasur abmessen/wiegen
1 EL	Wasser	7. Glasur verrühren
1 TL	Zitronensaft	8. Amerikaner auf der flachen Seite mit Glasur bestreichen und trocknen lassen

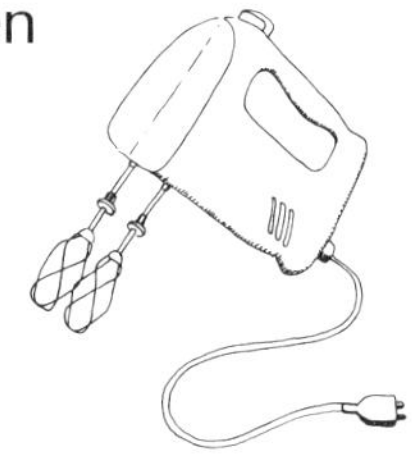

Kreise die Lebensmittel mit der entsprechenden Farbe ein.
(Wenn es mehrere Möglichkeiten gibt, kreise sie öfters ein!)
Womit werden folgende Lebensmittel abgemessen?

rot = Esslöffel | grün = Teelöffel | blau = Waage
gelb = Messbecher | orange = Finger | schwarz = Messer

5.2 Wir schreiben und lesen ein Rezept

Unterrichtspraktische Hinweise

In einem fächerübergreifendem Projekt könnten diese Rezepte auch im Fach Deutsch geschrieben werden. Die praktische Arbeit bietet motivierende Schreibanlässe.

Die Wortkarten können bei der Tafelanschrift für jedes Rezept verwendet werden. Dafür die Wortkarten vergrößert kopieren, laminieren und evtl. mit selbstklebenden Magnetstücken auf der Rückseite versehen. Die Rezepte sind die Lösungsbausteine für Seite 34 und Seite 35.

Erdbeer-Shake

Menge	Zutaten	Zubereitung
100 g	Erdbeeren	1. Erdbeeren waschen 2. Erdbeeren putzen
½ l	Milch	3. Milch abmessen
2 Tl. 2 EL.	Zucker Joghurt	4. Joghurt und Zucker zugeben
1 Msp. 1 Prise	Zimt Salz	5. Zimt und Salz zugeben 6. Shake pürieren und in Gläser füllen

Gurkensalat

Menge	Zutaten	Zubereitung
1 1 Bd. 1/2	Gurke Dill Zwiebel	1. Gurke und Dill waschen 2. Gurke schälen und hobeln 3. Zwiebel schälen und hacken 4. Dill zupfen und hacken
	Marinade:	
1/2 2 EL 1 Msp. 1 Pr. 1 Pr.	Zitrone Joghurt Salz Pfeffer Zucker	5. Zitrone auspressen 6. Joghurt abmessen 7. Marinade verrühren 8. Salat marinieren

Überschrift	**Menge**
Zubereitung	**Temperatur**
Garzeit	**Zutaten**

Name:	Klasse:	Datum:	Fach:	Nr.:

Wir schreiben ein Rezept für Erdbeer-Shake

Trage die Überschrift und Mengenangaben in das Rezept ein.

Erdbeer-Shake

1 Msp. | 1/2 l | 3 EL | 100 g | 1 Pr. | 2 TL

Menge	**Zutaten**	**Zubereitung**
____	Erdbeeren	1. ____________________
		____________________
____	Milch	____________________
____	Zucker	____________________
____	Joghurt	____________________
____	Zimt	____________________
____	Salz	____________________

Beschreibe die Zubereitung mithilfe der Bilder und ergänze das Rezept.

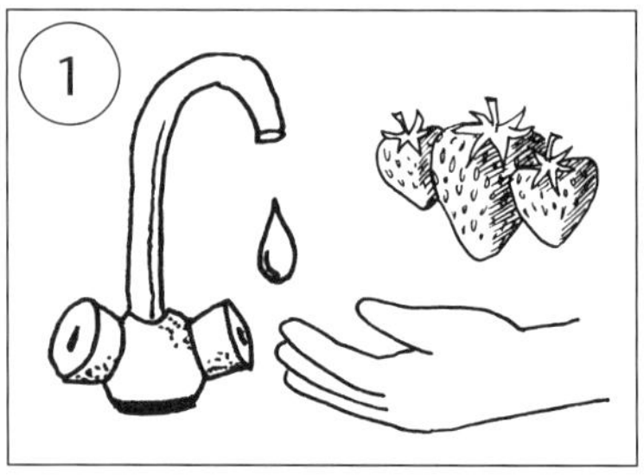

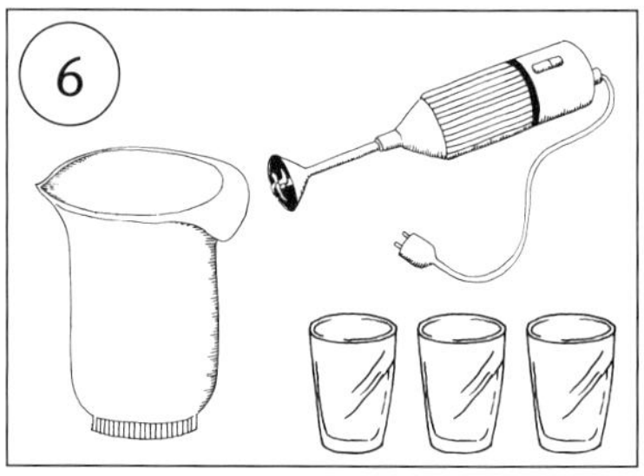

Name:	Klasse:	Datum:	Fach:	Nr.:

Wir schreiben ein Rezept für Gurkensalat

Trage die Zutaten mit Mengenangabe ein.

1 — 1/2 — 2 EL — 1/2 — 1 Msp. — 1 Pr. — 1 Pr. — 1 Bd.

Gurkensalat		
Menge	**Zutaten**	**Zubereitung**
______	______________	1. ______________________________
______	______________	2. ______________________________
______	______________	3. ______________________________
	Marinade:	4. ______________________________
______	______________	
______	______________	5. ______________________________
______	______________	6. ______________________________
______	______________	7. ______________________________
______	______________	8. ______________________________

Beschreibe die Zubereitung mithilfe der Bilder und ergänze das Rezept.

Name:	Klasse:	Datum:	Fach:	Nr.:

Wir teilen eine Tomate

Wie viele Tomaten(stücke) sind es?
Schreibe neben jedes Bild die richtige Angabe.

1/2	2	1	1/8	1 1/4	2/2	1/4	1 1/2	4/4	8/8

	______	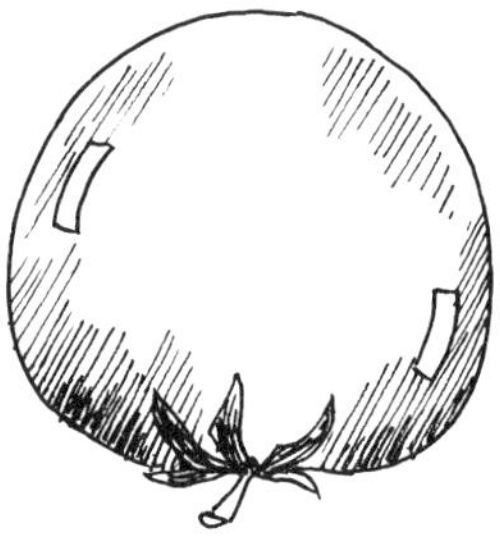	______
	______	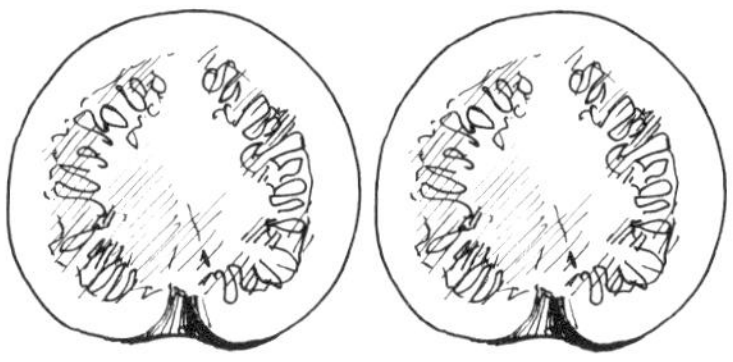	______
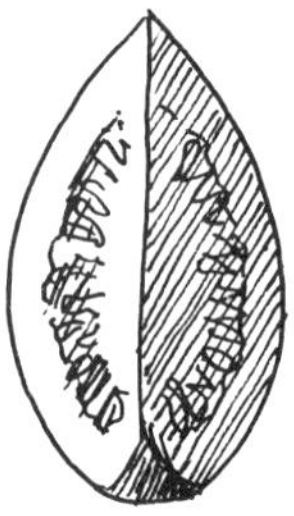	______	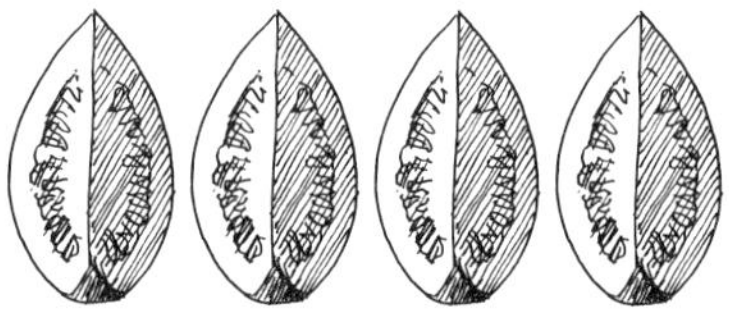	______
	______	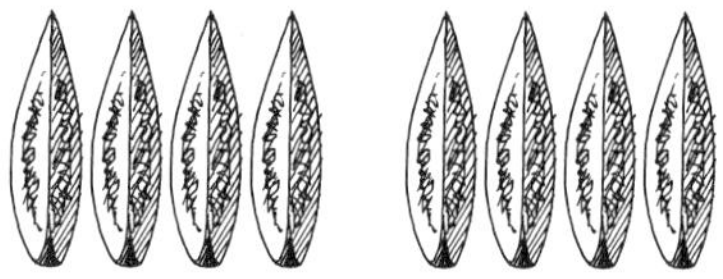	______
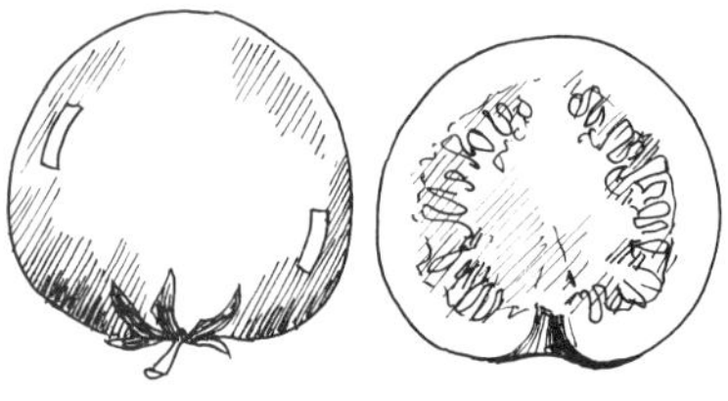	______	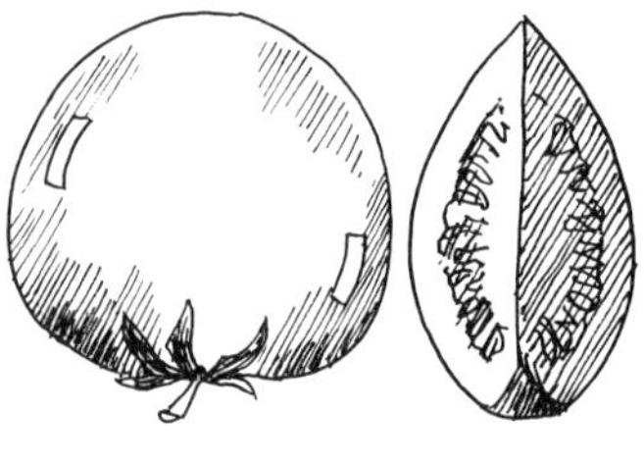	______

Name:	Klasse:	Datum:	Fach:	Nr.:

Wir teilen einen Apfel

Wie ist der Apfel geteilt worden?
Schreibe neben jedes Bild die richtige Angabe in Ziffer und Wort.

Ziffer: 1/8 | 1 | 1/2 | 2 | 1/4

Wort: ein | zwei | halber | viertel | achtel

________ = ________ Äpfel

________ = ________ Apfel

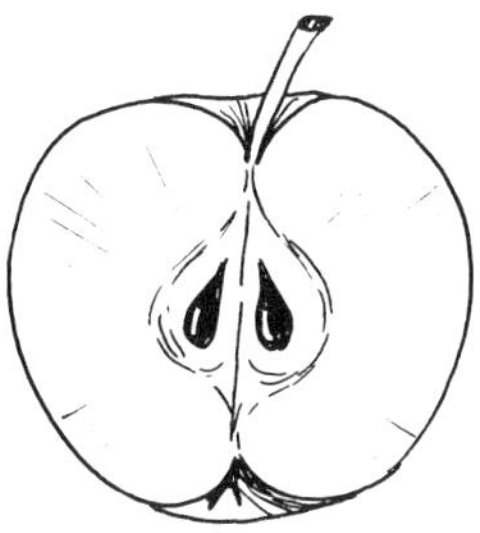

________ = ein ________ Apfel

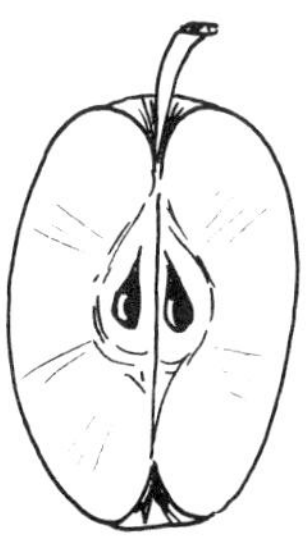

________ = ein ________ Apfel

________ = ein ________ Apfel

Name:	Klasse:	Datum:	Fach:	Nr.:

Wir messen Flüssigkeiten

Wie viel Flüssigkeit ist im Messbecher?
Schreibe neben jedes Bild die richtige Zahl in Ziffer und Wort.

Ziffer: 1/2 l | 1/8 l | 1 l | 1/4 l | 3/4 l

Wort: dreiviertel | viertel | ein | halber | achtel

__________ = _______________ Liter

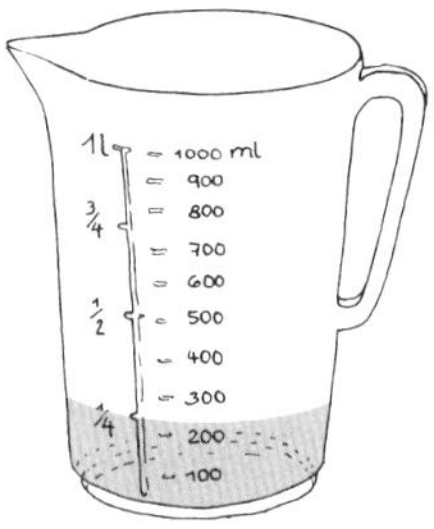

__________ = ein _______________ Liter

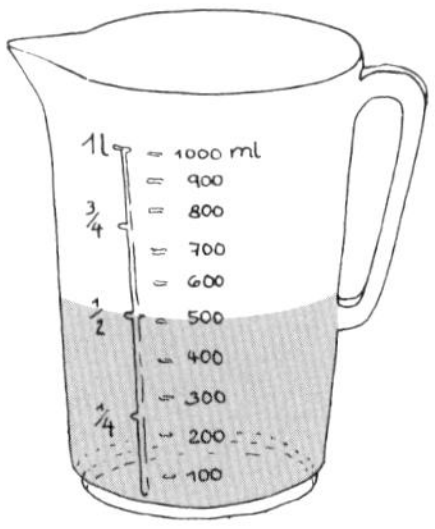

__________ = ein _______________ Liter

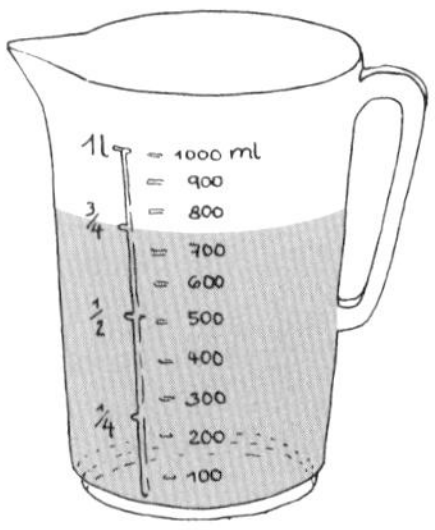

__________ = _______________ Liter

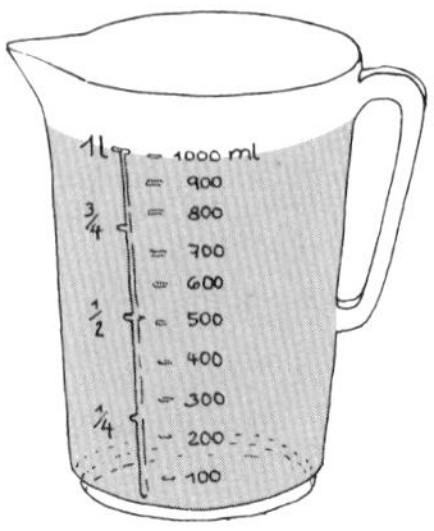

__________ = _______________ Liter

Name:	Klasse:	Datum:	Fach:	Nr.:

Wir markieren Flüssigkeiten

Markiere auf dem Messbecher die angegebene Menge.

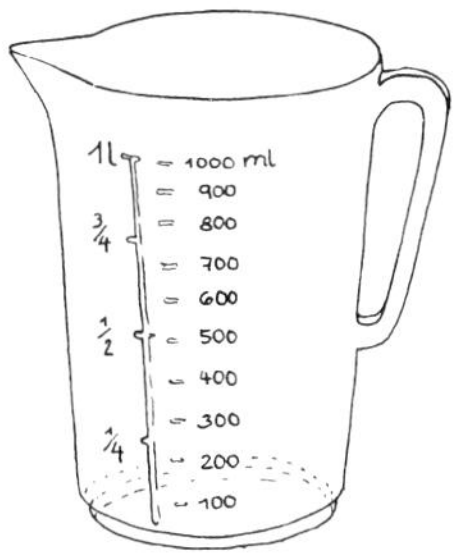	1 l
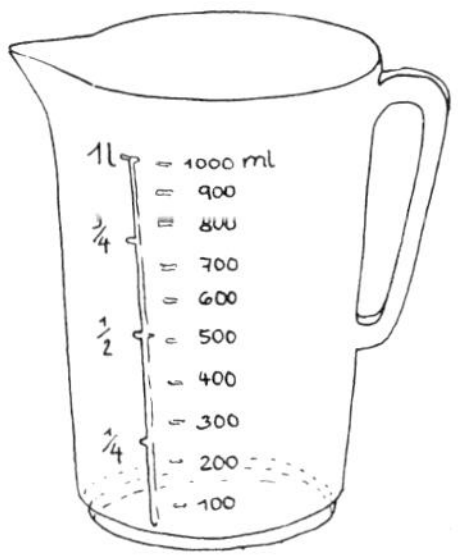	800 ml
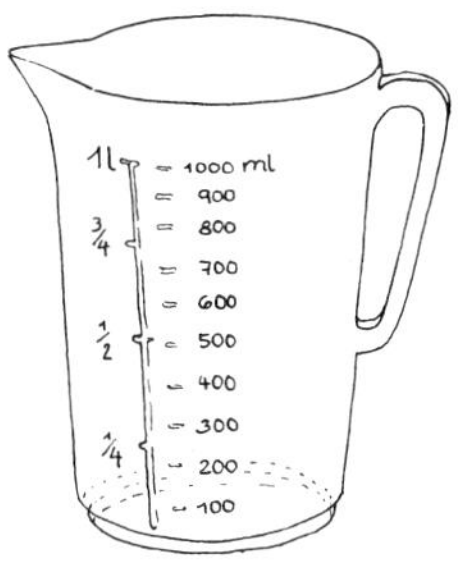	3/4 l
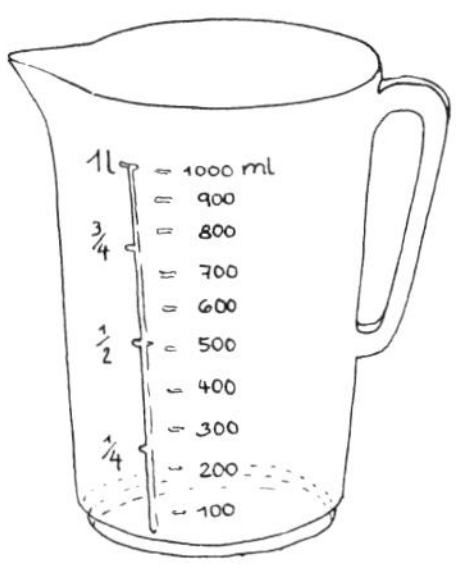	1 000 ml
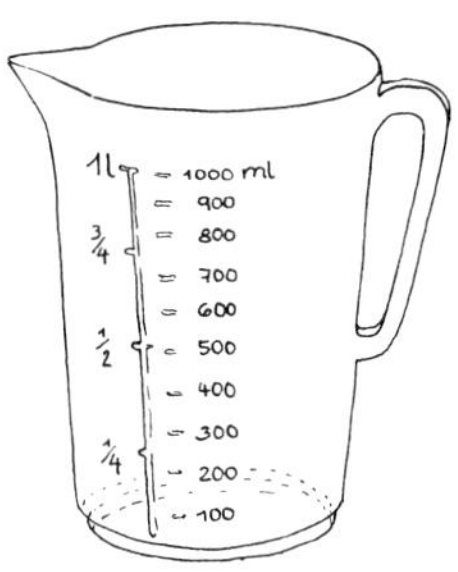	500 ml

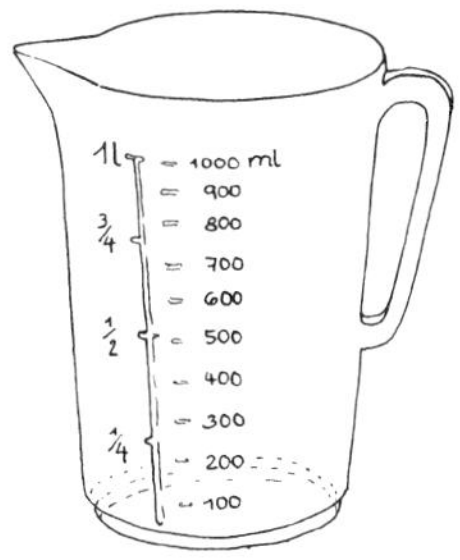	100 ml
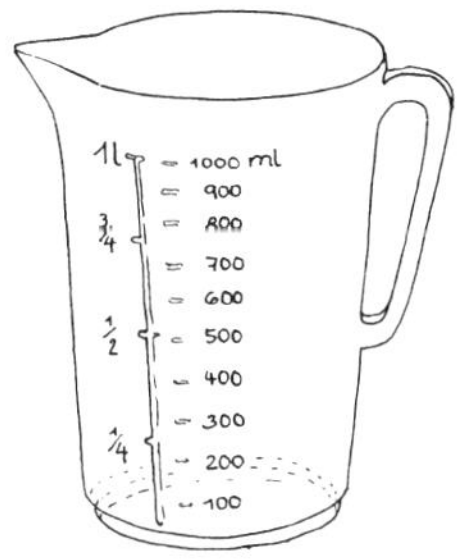	1/2 l
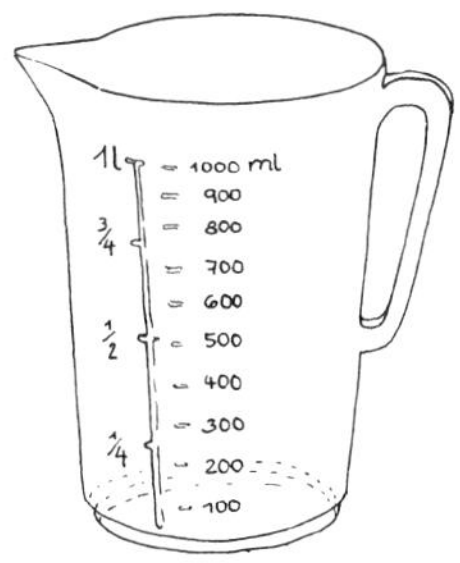	400 ml
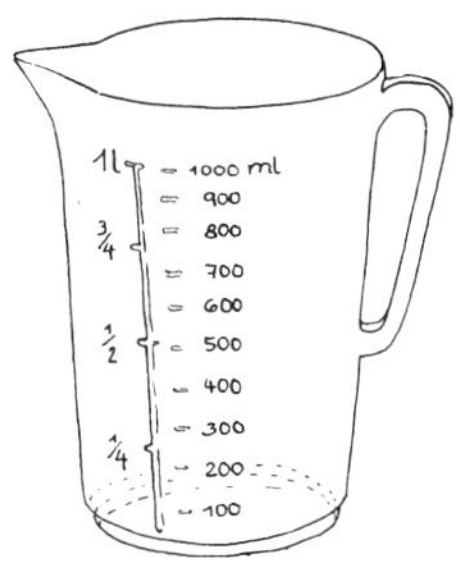	1/8 l
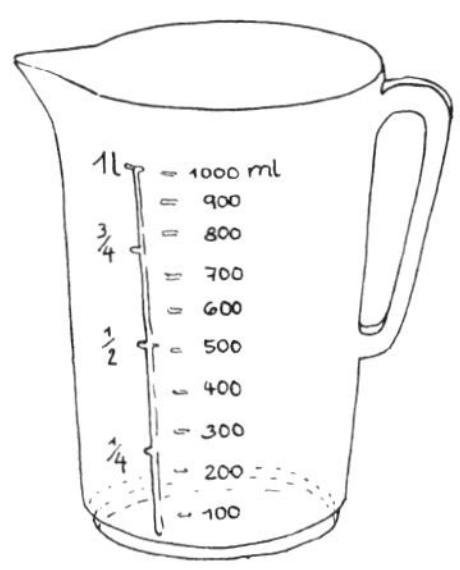	300 ml

Name:	Klasse:	Datum:	Fach:	Nr.:

Wir vergleichen Flüssigkeiten (l – ml)

➔ Verbinde die gleichen Flüssigkeitsmengen.

1 l	500 ml
1/2 l	250 ml
1/4 l	1 000 ml
1/8 l	750 ml
3/4 l	125 ml

Lösung: 1 l = 1 000 ml / 1/2 l = 500 ml / 1/4 l = 250 ml / 1/8 l = 125 ml / 3/4 l = 750 ml

Hinweise für die Herstellung

Waage mit Zeiger

1. Ablesestrich rot ausmalen oder auf rotes Tonpapier kopieren
2. Waage und Ablesestrich ausschneiden und laminieren
3. Ablesestrich am Punkt einschneiden
4. Ablesestrich am Mittelpunkt mit einer Musterklammer befestigen

Fragekärtchen

- VS: Frage/RS: Kontrolle
- Kärtchen falten, kleben und schneiden.
  ...... Schneidelinie, ____ Faltlinie
- Kärtchen laminieren. Da die Kärtchen geklebt sind, muss die Laminierfolie mindestens 5 mm überstehen.

Unterrichtspraktische Hinweise

- Fragekarten können als Sicherung, Übung oder Kontrolle eingesetzt werden
- Für Einzel- oder Partnerarbeit geeignet

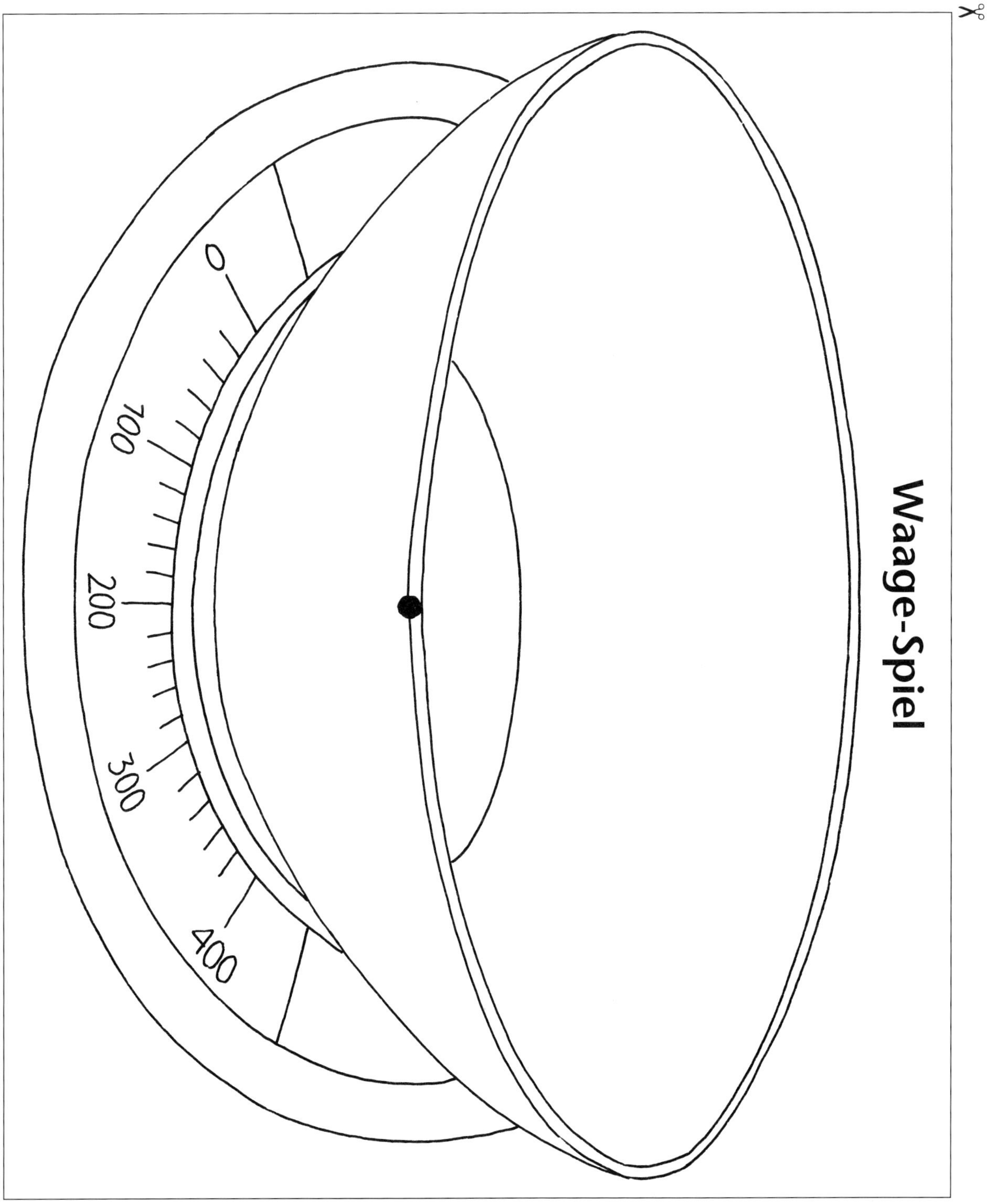

Markiere mit dem
Ablesestrich die Menge

40 g

KONTROLLE

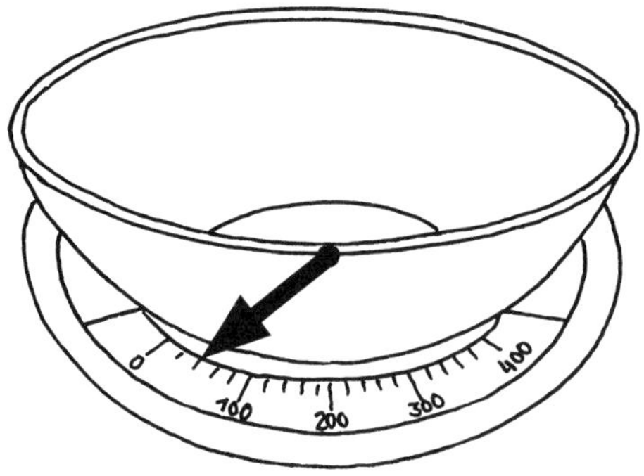

Markiere mit dem
Ablesestrich die Menge

260 g

KONTROLLE

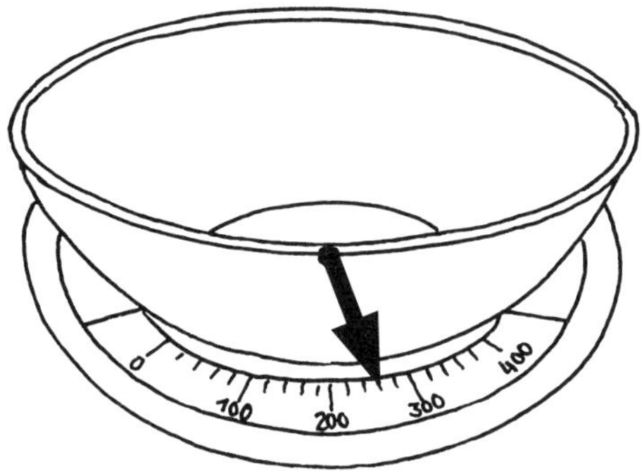

Markiere mit dem
Ablesestrich die Menge

340 g

KONTROLLE

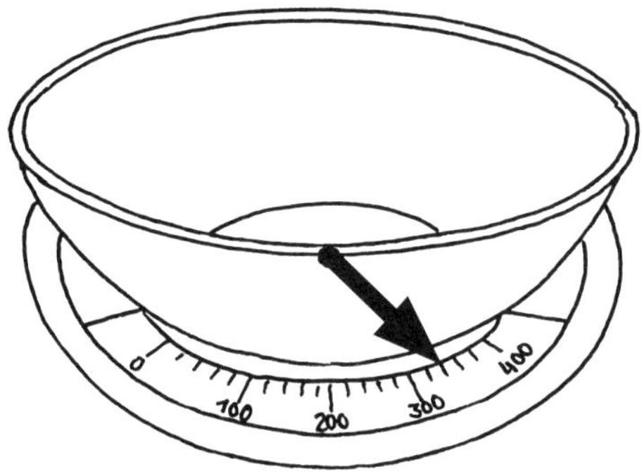

Markiere mit dem
Ablesestrich die Menge

80 g

KONTROLLE

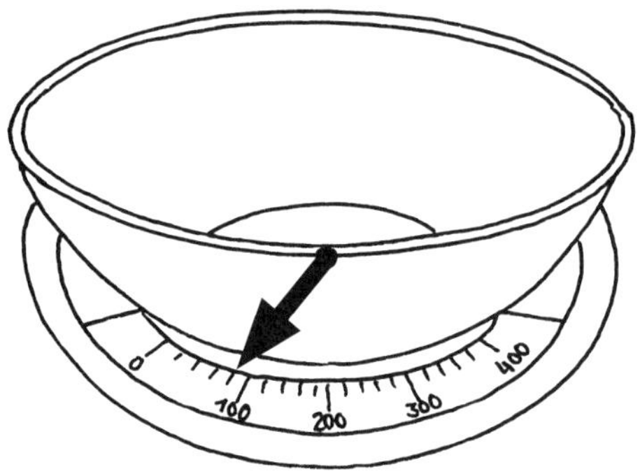

Markiere mit dem
Ablesestrich die Menge

______ **g**

KONTROLLE

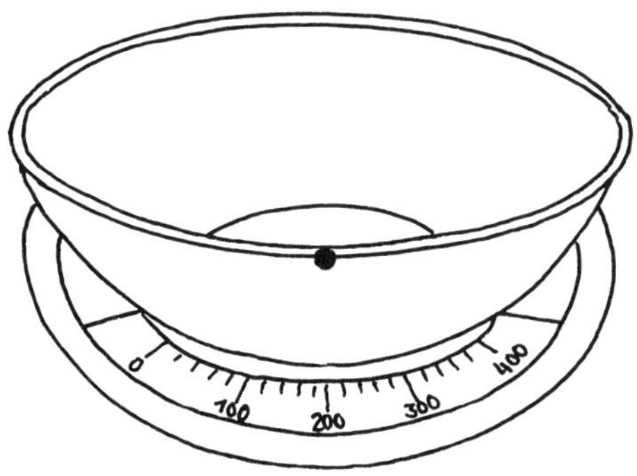

Hinweis zur Herstellung: Die letzte Karte ist eine Blankokarte. Sie können eine Zahl Ihrer Wahl mit der entsprechenden Pfeilangabe in der Kontrollseite eintragen.

Name:	Klasse:	Datum:	Fach:	Nr.:

Die mechanische Küchenwaage

Teile der Waage

Beschrifte die Waage.

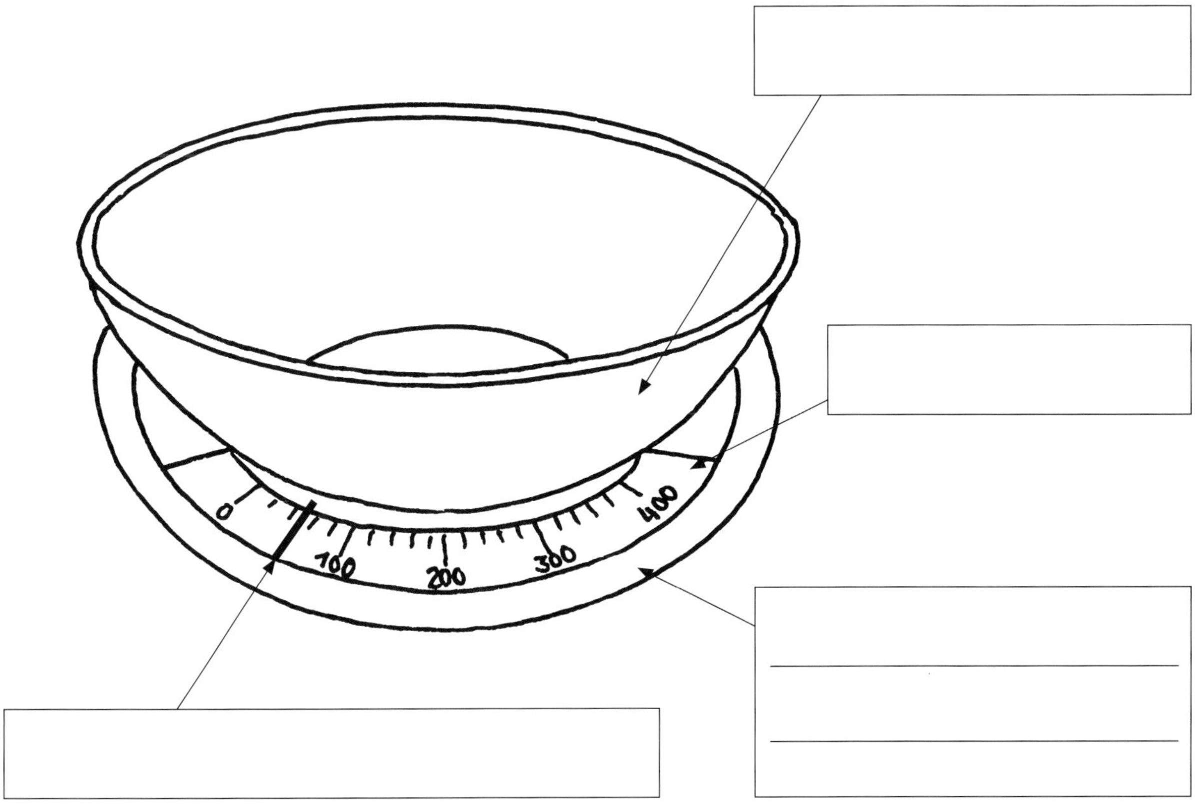

Bedienung der mechanischen Waage

Trage ein: Ablesestrich | Gefäß | ablesen

1. ______________ aufstellen

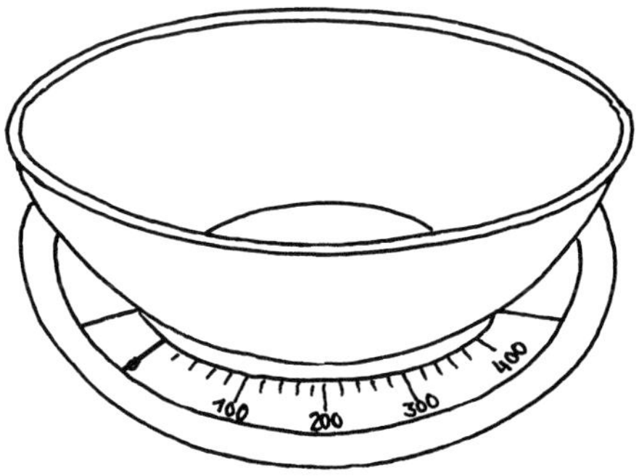

2. Verschiebbaren Teller so lange drehen, bis der ______________ auf „0" zeigt
3. Gewünschte Menge abwiegen: 1 Strich = 20 g.
4. Menge genau am Ablesestrich ______________

Lösung: Seite 144

Name:	Klasse:	Datum:	Fach:	Nr.:

Wir wiegen Mengen ab

Markiere die angegebene Menge.

1 Strich = 20 g

100 g

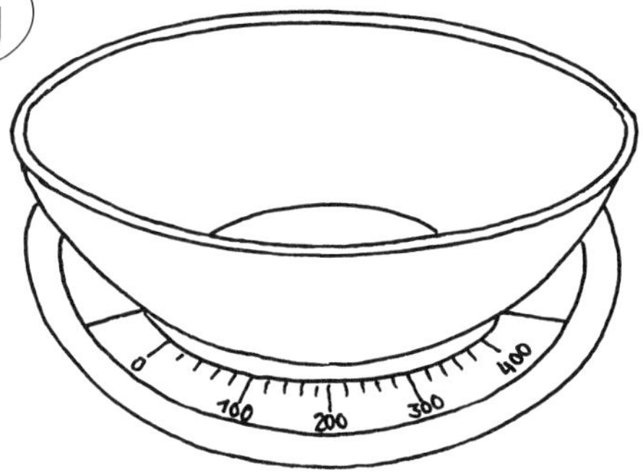

140 g

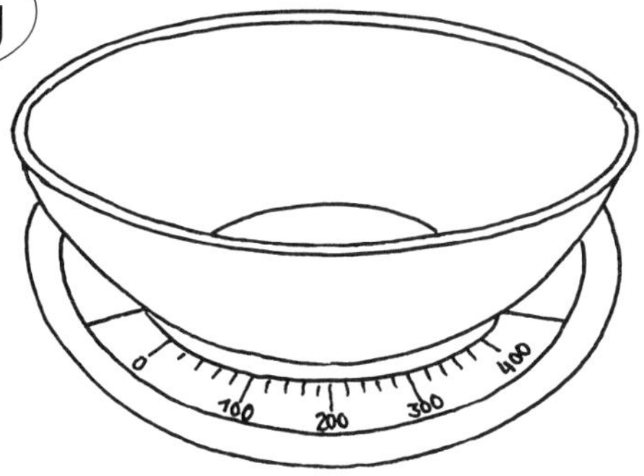

400 g

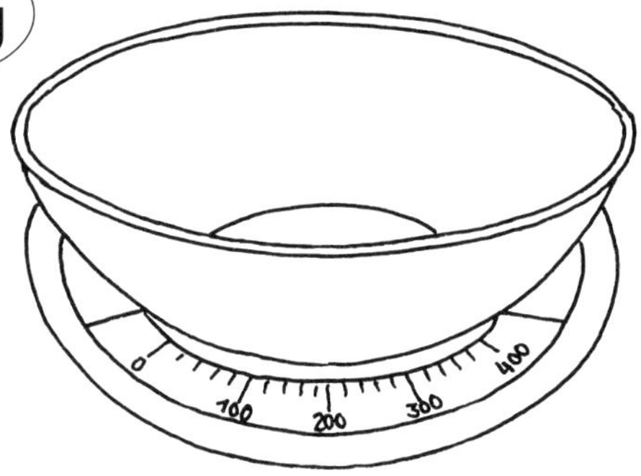

30 g

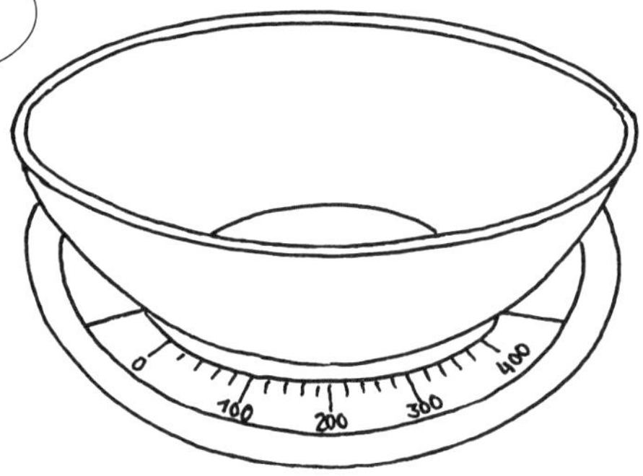

240 g

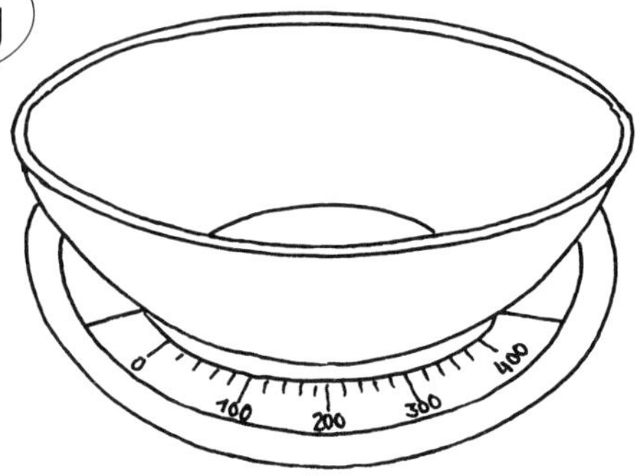

220 g

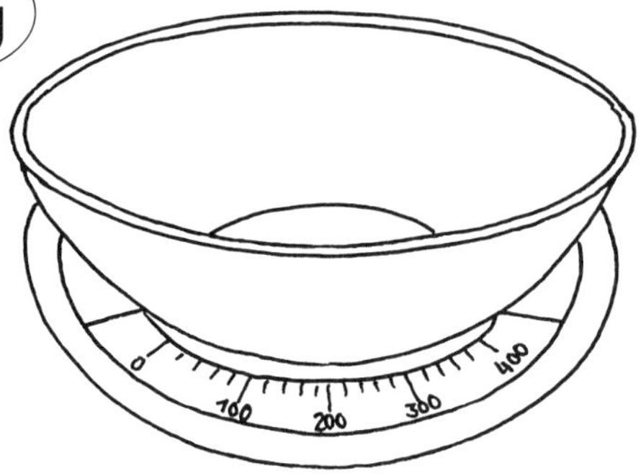

250 g

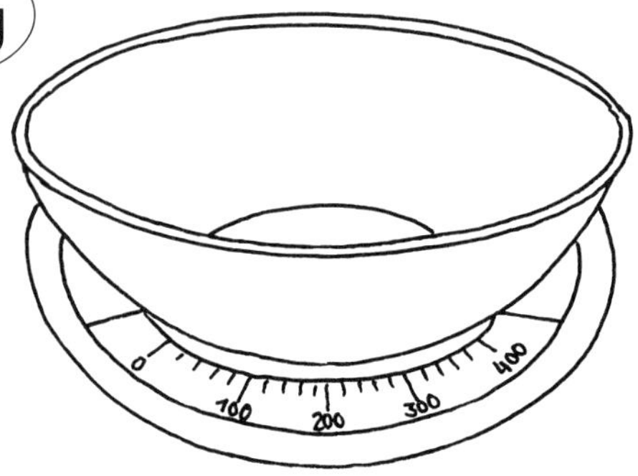

75 g

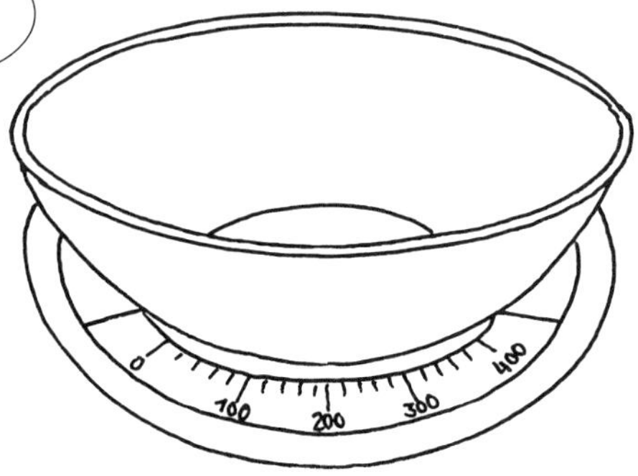

Name:	Klasse:	Datum:	Fach:	Nr.:

Die elektronische Waage

Tasten der Waage

Beschrifte die Waage.

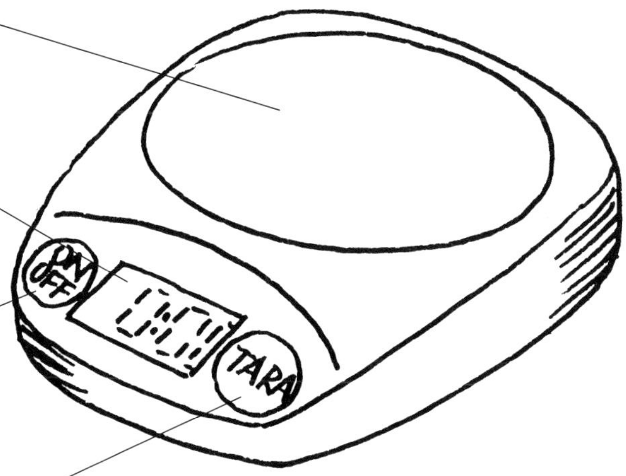

⇨ Durch Drücken dieser Taste kann man die Waage auf „0" zurückstellen.

Bedienung der elektronischen Waage

Trage ein: on/einschalten | Tara | off/ausschalten

1. Waage einschalten:

   ⇨ Drücke die Taste ______________________________

2. Teller aufstellen

3. Waage auf „0" zurückstellen:

   ⇨ Drücke die Taste ______________________________
   ⇨ Warten, bis die „0" erscheint

4. Gewünschte Menge abwiegen

5. Waage ausschalten:

   ⇨ Drücke die Taste ______________________________

Lösung: Seite 144

6 Arbeitstechniken

Lehrplanbezug:

Mittelschule, 7.–10. Jahrgangsstufe
Hauswirtschaftlich-sozialer Bereich
7.2.2 Hygienemaßnahmen praktizieren
7.3.2 Lebensmittel verarbeiten
7.4 Technische Hilfe im Haushalt nutzen

Förderschule, Förderschwerpunkt Lernen
Hauswirtschaft, 5.–6. Jahrgangsstufe und Berufs- und Lebensorientierung, 7.–9. Jahrgangsstufe (BLO)
3. Die Küche als Arbeitsplatz kennen lernen
7. Nahrungsmittel vorbereiten
9. Nahrungsmittel rühren und schlagen
2.3 Tätigkeiten im Berufsfeld Hauswirtschaft ausführen
   - Arbeitsplatz Küche
   - Vorbereiten von Nahrungsmitteln
2.5 Berufsfeldspezifische Anforderungen und Kompetenzen
   - Arbeitsplanung
   - Sorgfalt und Sauberkeit
2.6 Notwendigkeit der Arbeitssicherheit verinnerlichen

Kompetenzen:

- Ergonomische Aspekte beim Arbeiten kennen und beim Vorbereiten des Arbeitsplatzes berücksichtigen.
- Geräte zum Zerkleinern von Lebensmitteln kennen und unter Beachtung von hygienischen und sicherheitsrelevanten Aspekten sachgerecht anwenden.
- Geräte zum Mischen von Lebensmitteln kennen und bei der Zubereitung sachgerecht anwenden.
- Einen Überblick über Mischungsformen gewinnen und bei der Zubereitung sachgerecht anwenden.
- Den Rührteig kennen und zur Herstellung von süßen sowie pikanten Teigen nutzen.

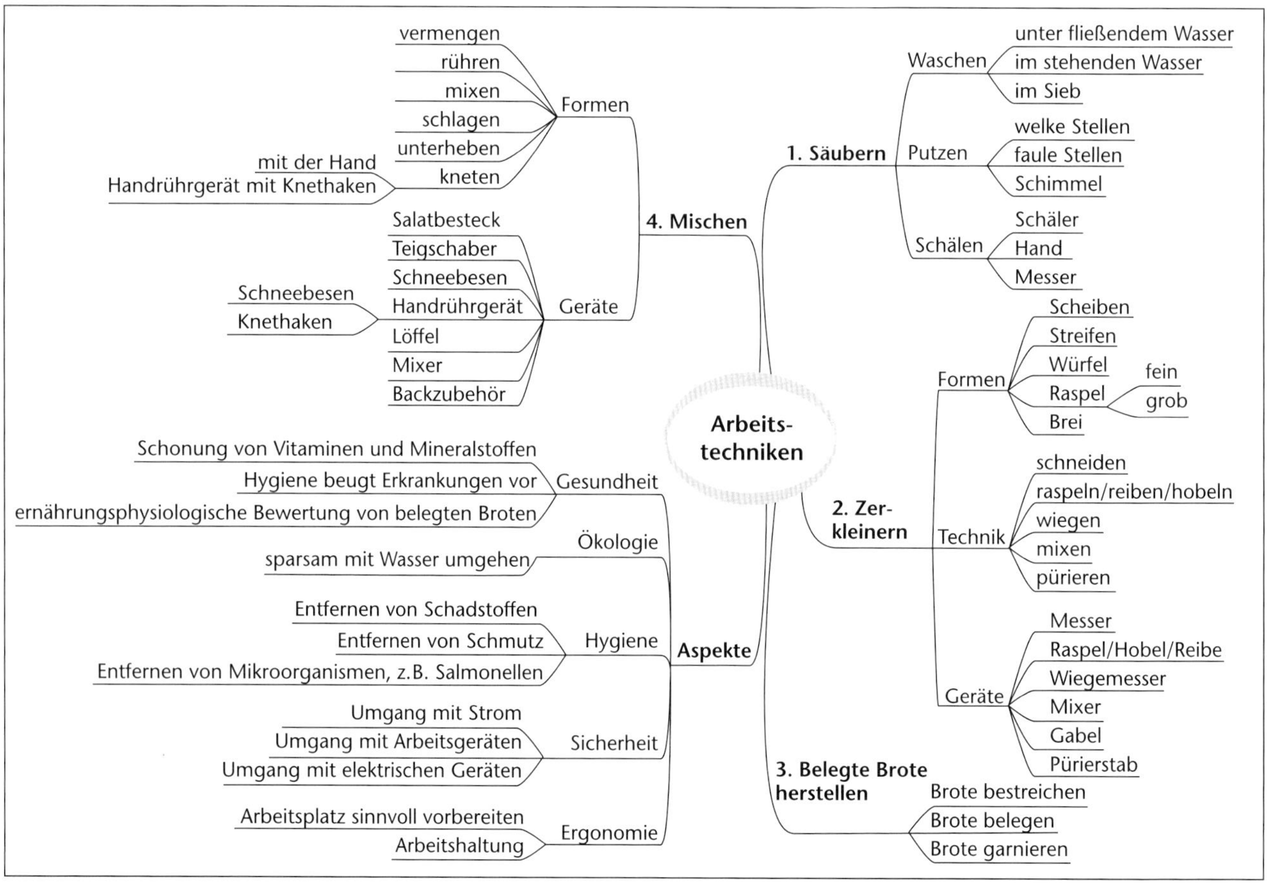

6.1 Lebensmittel säubern

Methodische Hinweise:

- Aufgaben für die Gruppenarbeit kopieren, evtl. laminieren
- Evtl. Bilder vergrößern und laminieren. Sie können für die Tafelanschrift und für die Erstellung von Plakaten verwendet werden.
- Die Aufgaben können bei der Erarbeitung, in Sicherungsphasen, bei Schüler- und Lehrervorarbeiten und in Übungsphasen verwendet werden.
- Medien:
  - Gruppenarbeit „Lebensmittel säubern"
  - AB „Wir waschen Obst und Gemüse"
  - AB „Wir schälen Lebensmittel"

Gruppenarbeit: Lebensmittel säubern

Wir waschen Obst und Gemüse

Es gibt drei verschiedene Arten, Lebensmittel zu waschen. Betrachte die Bilder und überlege, warum Lebensmittel unterschiedlich gewaschen werden.

➔ Ordne die Lebensmittel den Waschmöglichkeiten zu.

Wasche Obst und Gemüse nur kurz, damit es keine wasserlöslichen Vitamine und Mineralstoffe verliert.

	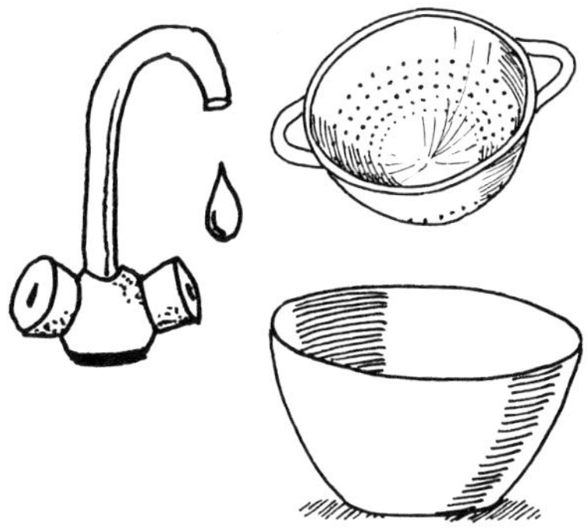	
waschen unter fließendem Wasser	waschen im stehenden Wasser	waschen im Sieb

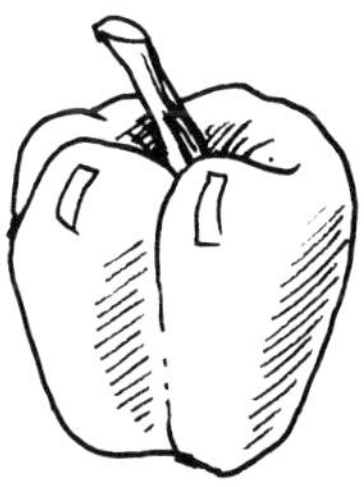

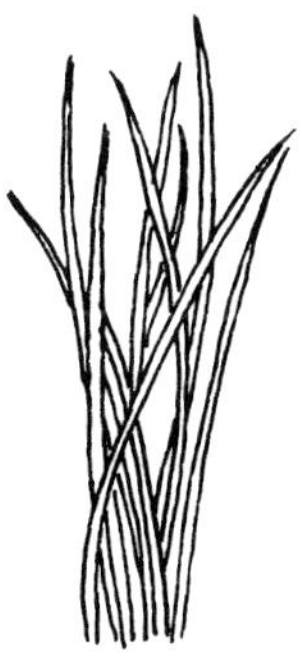

Der Arbeitsplatz beim Schälen

Betrachte das Bild und richte den Arbeitsplatz für das Schälen her.

Ergänze das Arbeitsblatt „Wir schälen Lebensmittel“.

Geschälte Lebensmittel

Lebensmittel

Abfälle

Wir schälen Lebensmittel

Es gibt drei verschiedene Arten, Lebensmittel zu schälen. Betrachte die Bilder und überlege, warum Lebensmittel unterschiedlich geschält werden.

➔ Ordne die Lebensmittel mit Pfeilen den Schälmöglichkeiten zu.

Schäle Obst und Gemüse nur dünn, da in und unter der Schale viele Vitamine und Mineralstoffe stecken.

Auf der Schale können Pflanzenschutzmittel oder aber auch Konservierungsmittel sein.

Schälen mit dem Schäler	Schälen mit den Fingern	Schälen mit dem Messer

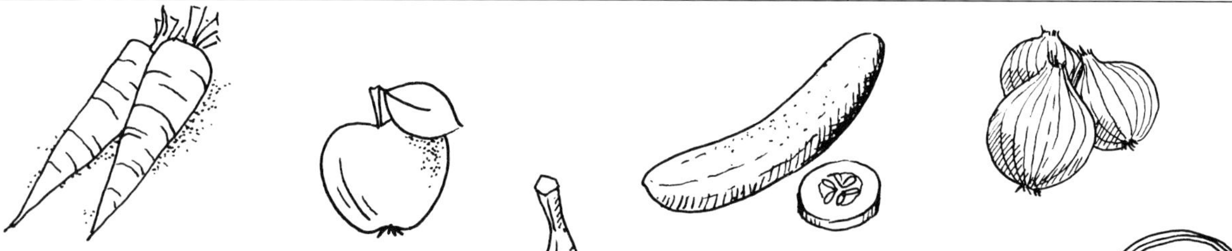

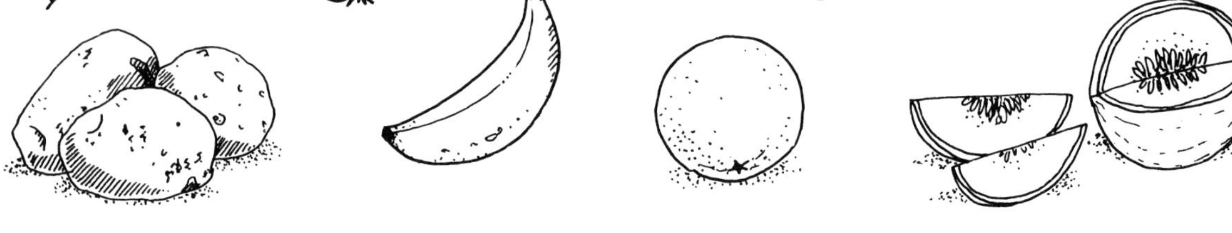

Name:	Klasse:	Datum:	Fach:	Nr.:

Wir waschen Obst und Gemüse

Ergänze die Waschmöglichkeiten bei den linken Bildern:

fließendes Wasser | im Sieb | stehendes Wasser

Verbinde das Richtige mit Pfeilen.

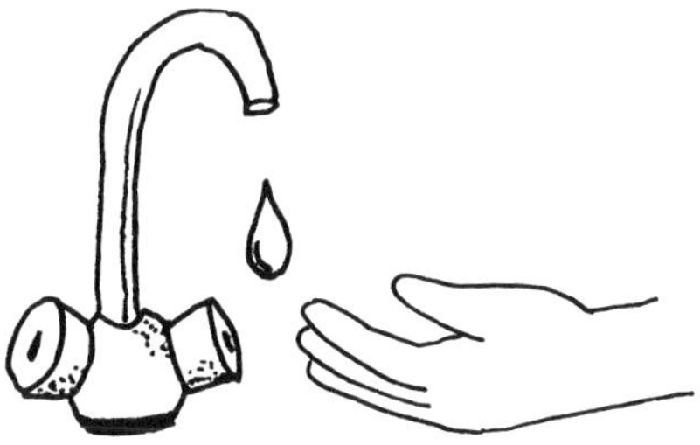

Kopfsalat

Apfel

Schnittlauch

Feldsalat

Zwiebel

Kirschen

Beachte beim Waschen von Lebensmitteln:

Name:	Klasse:	Datum:	Fach:	Nr.:

Wir schälen Lebensmittel

Arbeitsplatz beim Schälen

Ergänze die fehlenden Angaben.

Schälhaltung und Schälrichtung

➔ Verbinde mit Pfeilen.

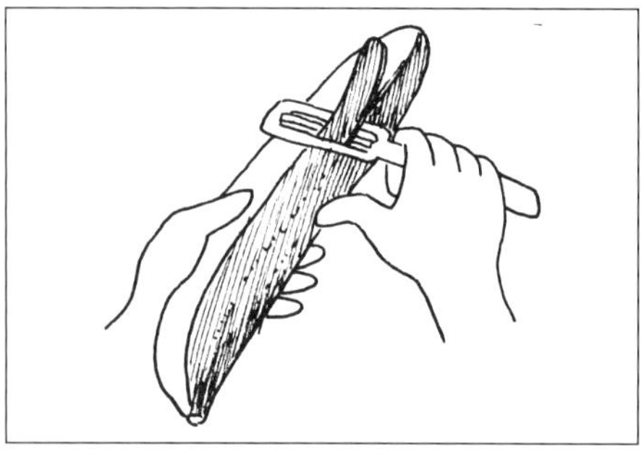

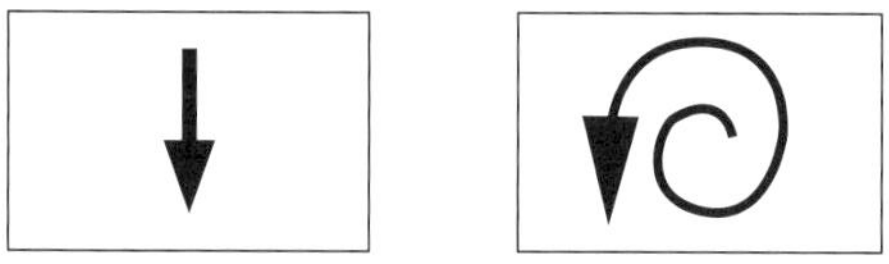

Beachte beim Schälen von Obst und Gemüse:

Umkreise die Lebensmittel grün, die mit dem Schäler geschält werden.
Umkreise die Lebensmittel blau, die mit den Fingern geschält werden.
Umkreise die Lebensmittel rot, die mit dem Messer geschält werden.

Lösung: Grün: Apfel, Karotte, Kartoffel, Birne, Gurke / Blau: Banane, Mandarine / Rot: Zwiebel, Sellerie

6.2 Lebensmittel zerkleinern

Methodische Hinweise:

- Aufgaben für die Gruppenarbeit, Zuordnungsspiele und Fragekarten kopieren, evtl. laminieren
- Die Aufgaben können bei der Erarbeitung, in Sicherungsphasen, bei Schüler- und Lehrervorarbeiten und in Übungsphasen verwendet werden.

Medien:

- Aufgaben „Arbeitsplätze vorbereiten“
- Zuordnungskarte
- Zuordnungsspiel
- AB „Wir zerkleinern Lebensmittel“
- AB „Wir schneiden Lebensmittel“
- AB „Wir raspeln, hobeln, reiben Lebensmittel“
- Rezeptblatt „Gemischte Salatplatte mit Kräuter-Joghurtsoße“
- AB „Pürieren“ mit Rezept „Kartoffelcremesuppe“
- Rezeptblatt „Kartoffelpuffer – Reiberdatschi mit Apfelmus“
- Fragekarten „Vorbereiten von Obst und Gemüse

Der Arbeitsplatz beim Schälen

Betrachte das Bild und richte den Arbeitsplatz her.

Ergänze das Arbeitsblatt „Wir schneiden Lebensmittel“.

Abfälle

Lebensmittel

Brett, evtl. Lappen gegen das Rutschen, Messer

Der Arbeitsplatz beim Raspeln, Hobeln, Reiben

Betrachte das Bild und richte den Arbeitsplatz her.

Ergänze das Arbeitsblatt „Wir raspeln, hobeln, reiben Lebensmittel“.

Abfälle

Lebensmittel

Schüssel mit Raspel

Zuordnungskarte: Arbeitsgeräte zum Zerkleinern

Methodische Hinweise:

- Seite kopieren und laminieren.
- Die linke Spalte mit den Bildern als ganze Karte belassen
- Nur die ---------- Linie schneiden

Arbeitsgeräte zum Zerkleinern von Lebensmitteln	
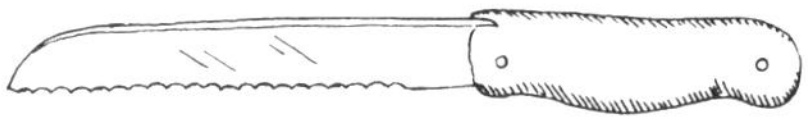	**Messer mit Wellenschliff**  geeignet für Brot und Tomaten
	**Messer mit glatter Schneide** geeignet für Obst und Gemüse
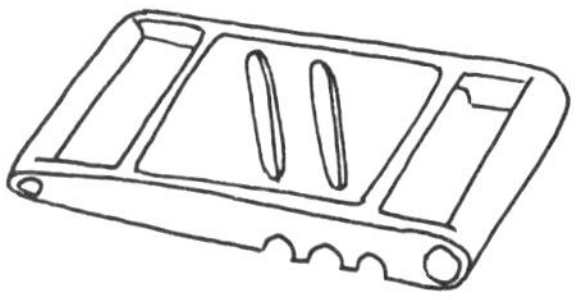	**Hobel** 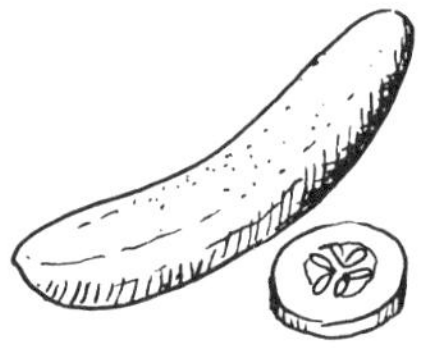 geeignet für Gurken
	**Raspel**  geeignet für Karotten, Äpfel usw.
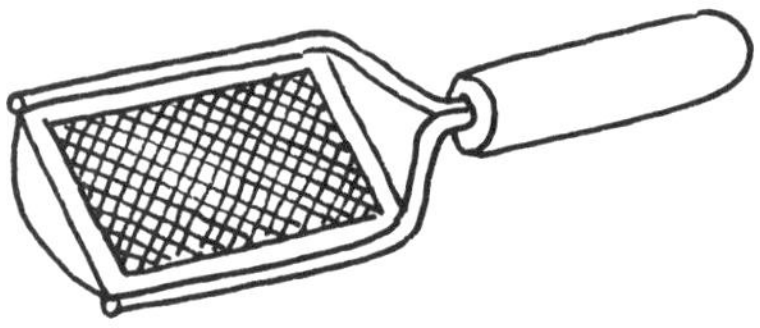	**Reibe**  geeignet für Käse, Zitronen usw.
	**Wiegemesser**  geeignet für Petersilie, Dill usw.
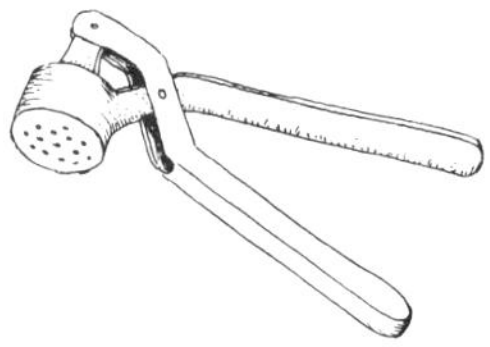	**Knoblauchpresse**  geeignet für Knoblauch
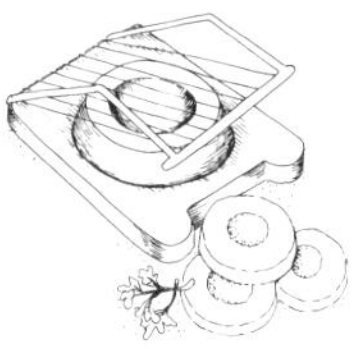	**Eiteiler**  geeignet für gekochte Eier

Zuordnungsspiel: Zerkleinern von Lebensmitteln

Unterrichtspraktische Hinweise:

- Legefeld und Legesteine evtl. auf DIN A3 vergrößern, auf Tonpapier kopieren, evtl. laminieren

1. Legesteine

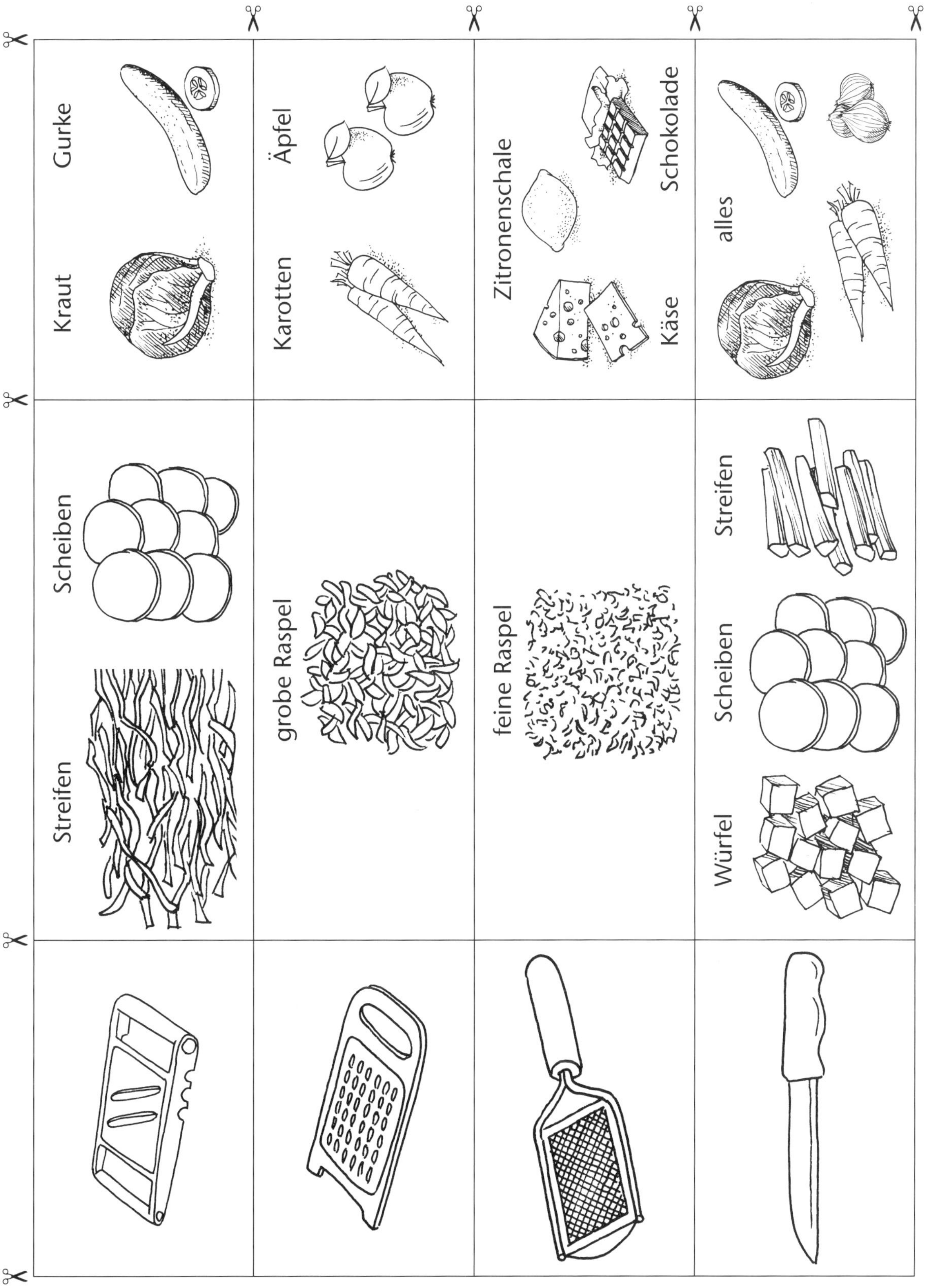

2. Legefeld

Gerät	Name	Zerkleinerungsform	Lebensmittel
	Hobel		
	Raspel		
	Reibe		
	Messer		

Name:	Klasse:	Datum:	Fach:	Nr.:

Wir schneiden Lebensmittel

➔ Verbinde die Lebensmittel mit dem richtigen Messer.

Messer mit Wellenschliff

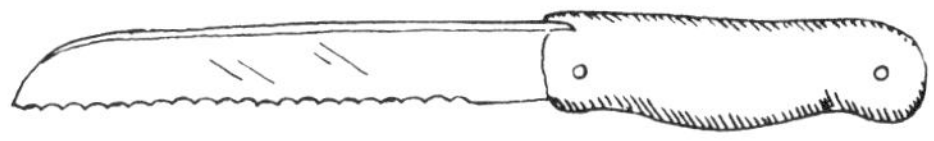

Messer mit glatter Schneide

Arbeitsplatz beim Schneiden

Ergänze die fehlenden Angaben.

Schneidehaltung

➔ Welche Griffe verwenden wir beim Schneiden? Verbinde.

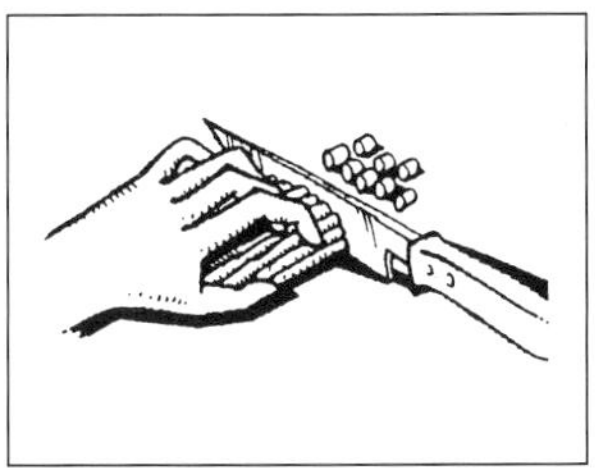

Tunnelgriff

Krallengriff

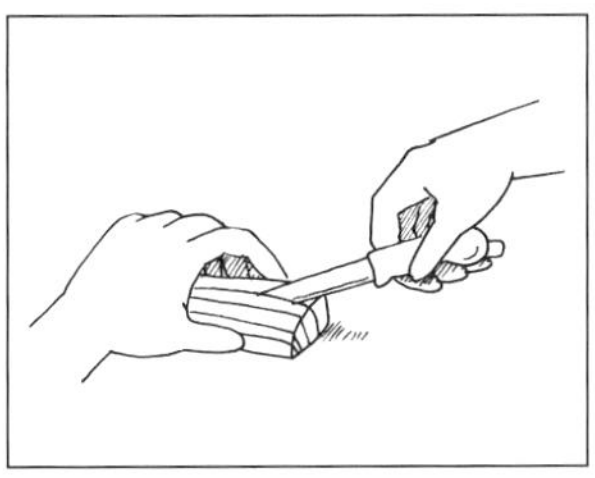

Name:	Klasse:	Datum:	Fach:	Nr.:

Wir raspeln, hobeln, reiben Lebensmittel

Arbeitsplatz beim Raspeln, Hobeln, Reiben

Ergänze die fehlenden Angaben.

Raspeln, hobeln, reiben

➔ Ordne die Formen mit Pfeilen den Seiten des Arbeitsgerätes zu.

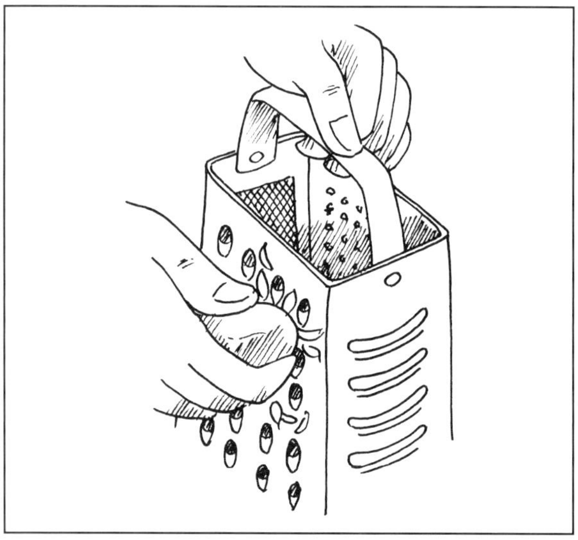

Scheiben

grobe Raspel

feine Raspel

Streifen

Name:	Klasse:	Datum:	Fach:	Nr.:

Wir zerkleinern Lebensmittel

Ordne in der linken Spalte folgende Namen zu:

Raspel | Messer | Hobel | Wiegemesser | Reibe | Gabel

Ordne in der rechten Spalte folgende Zerkleinerungsformen zu:

feine Raspel | Streifen | grobe Raspel | Scheiben | Würfel | Brei | Scheiben | Streifen

Name	Gerät	Zerkleinerungsform
______		______ ______
______		______
______	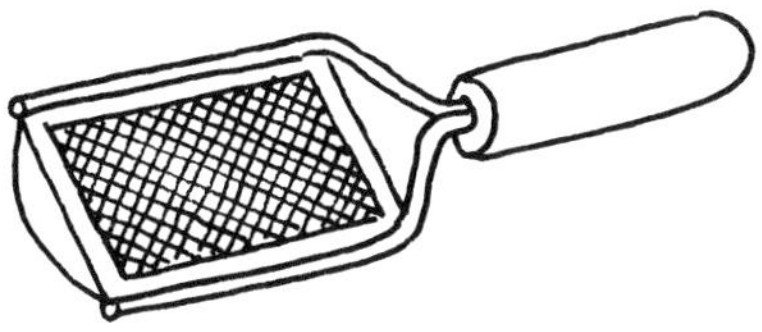	______
______	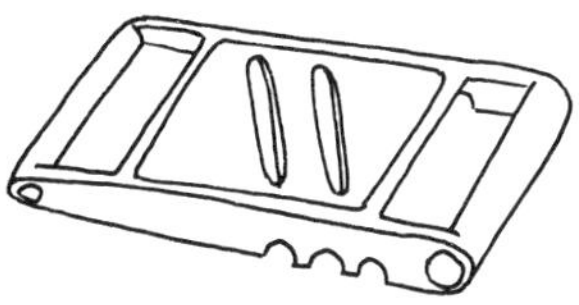	______
______	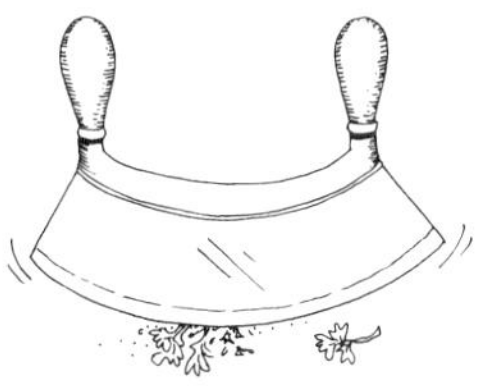	z. B. Kräuter wiegen
______		______

Name:	Klasse:	Datum:	Fach:	Nr.:

Wir zerkleinern Gemüse für eine Salatplatte

Gemischte Salatplatte mit Kräuter-Joghurtsoße		
Menge	**Zutaten**	**Zubereitung**
	Gemüse nach	1. Gemüse waschen
	Jahreszeit, z. B.	2. Gemüse putzen
2	• Karotten	3. Karotten schälen
1	• Paprika	4. Karotten raspeln
5–6	• Champignons	5. Paprika in Würfel schneiden
3	• Tomaten	6 Tomatenstrunk ausschneiden
		7. Tomaten und Champignons in Scheiben schneiden
	Salatsoße:	
1	Joghurt	8. Alle Gemüsearten auf einer Platte anrichten
1/2	Zitrone	
2 EL	Öl	
1 Prise	Salz	
1 Prise	Pfeffer	9. Petersilie waschen, zupfen und wiegen
1 TL	Honig	10. Schnittlauch waschen und schneiden
1 Bd.	Petersilie	11. Alle Zutaten der Salatsoße vermischen
1/2 Bd.	Schnittlauch	12. Salatsoße in ein Schälchen füllen

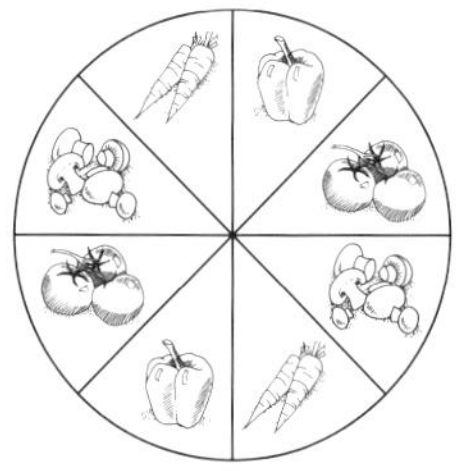

➔ Ordne die Geräte den Gemüsesorten und Kräutern zu:

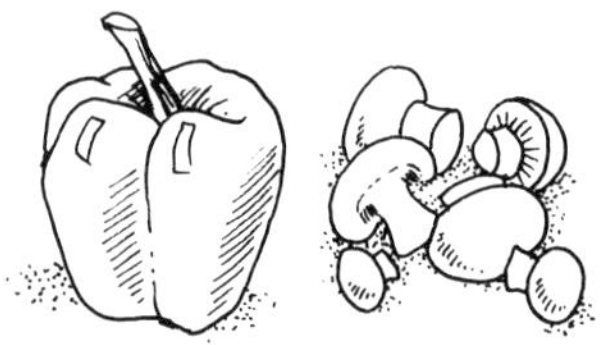

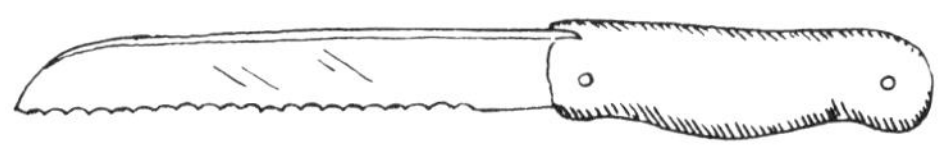

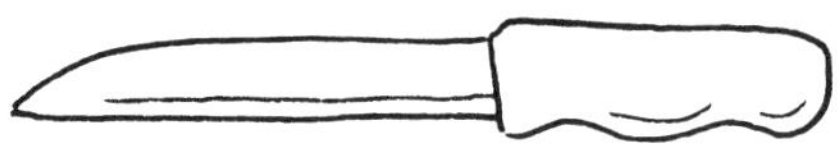

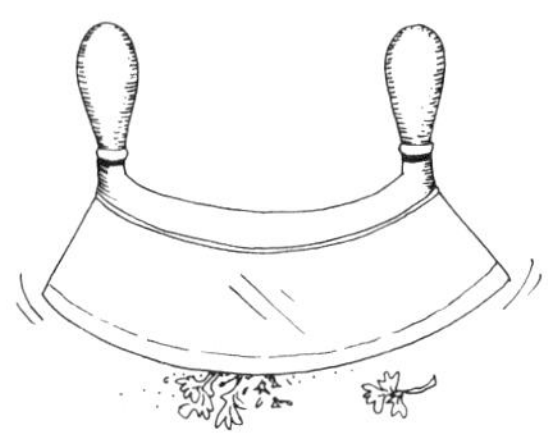

Name:	Klasse:	Datum:	Fach:	Nr.:

Pürieren

(= weiche Lebensmittel zu Brei verarbeiten)

➔ Verbinde die Geräte mit dem passenden Namen.

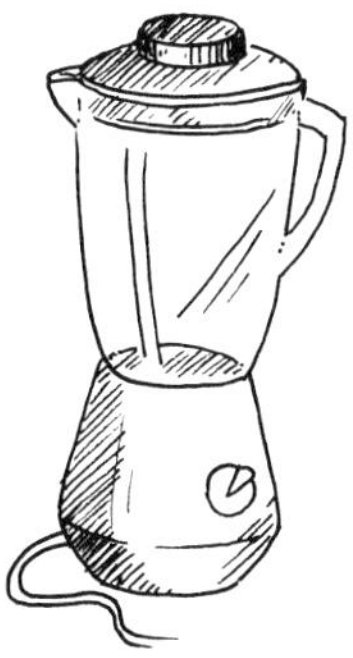

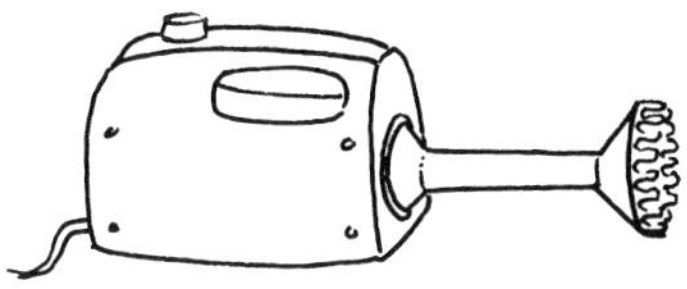

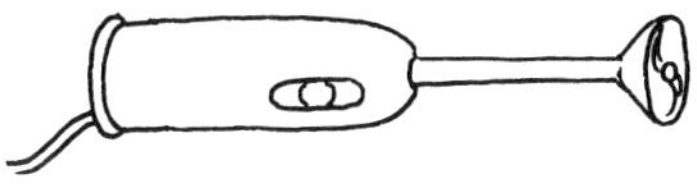

Pürierstab

Gabel

Mixer

Handrührgerät mit Pürierstab

Nockerl auf Fruchtsoßen

Menge	Zutaten	Zubereitung
1–2 EL 125 g 1 P.	Pfirsichsaft Mascarpone oder Quark Vanillezucker	1. Mascarpone oder Quark mit Pfirsichsaft und Vanillezucker verrühren 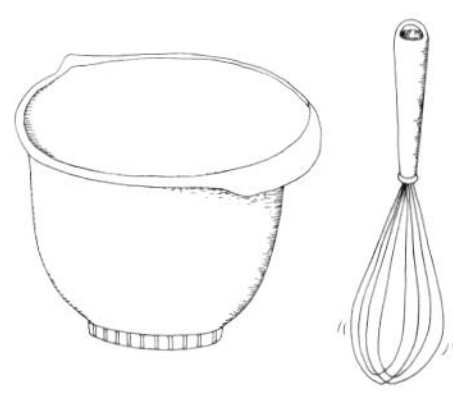
 125 g 2 EL	<u>Himbeersoße:</u> Himbeeren oder Erdbeeren (frisch oder tiefgefroren) Zucker	2. Himbeeren pürieren 3. Himbeeren mit Zucker abschmecken 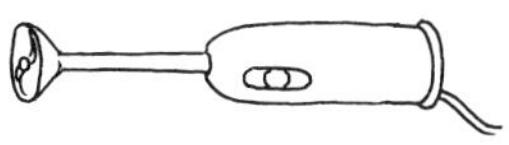 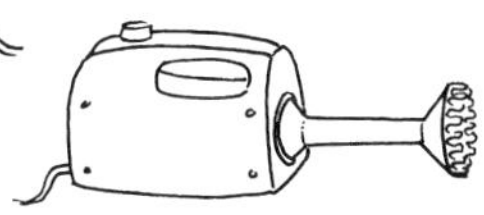 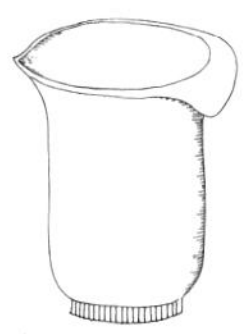
 3–4 etwas	<u>Pfirsichsoße:</u> Pfirsichhälften (Dose) Zitronensaft	4. Pfirsiche pürieren, evtl. etwas Saft zugeben 5. Pfirsiche mit Zitronensaft abschmecken 6. Fruchtsoßen auf Teller geben 7. Mit zwei Teelöffeln Nockerl formen und auf Fruchtsoßen anrichten

Name:	Klasse:	Datum:	Fach:	Nr.:

Wir setzen Geräte wie ein Profi ein

Kartoffelcremesuppe

Menge	Zutaten	Zubereitung
1–2 1 1/2 1/2 1 EL 1/2 l 1 TL 1/2 Becher	Kartoffeln Karotte Lauch Zwiebel Öl Wasser gekörnte Brühe Sahne Salz, Pfeffer	1. Kartoffeln und Karotte waschen, schälen und noch einmal waschen 2. Lauch putzen, halbieren und waschen 3. Lauch in feine Halbringe schneiden 4. Zwiebel schälen, halbieren, waschen und in feine Würfel schneiden 5. Öl erhitzen, Kartoffeln und Gemüse andünsten 6. Wasser aufgießen, Brühe zugeben und unterrühren 7. <u>Garzeit:</u> 20 Minuten auf mittlerer Stufe 8. Suppe mit Pürierstab pürieren 9. Sahne und Gewürze zugeben, abschmecken
1/2 Bund	Petersilie	10. Petersilie waschen, zupfen und fein wiegen 11. Suppe anrichten, mit Petersilie garnieren

➔ Verbinde die Arbeitsschritte mit den richtigen Geräten.

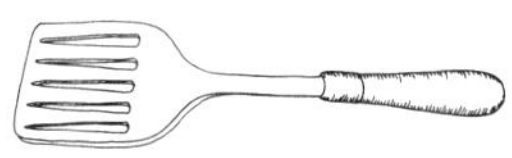

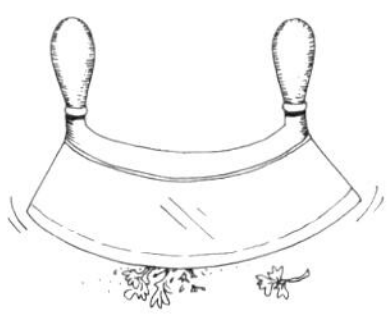

Kartoffeln und Karotte schälen

Kartoffeln und Gemüse schneiden

Gemüse andünsten

Suppe abschmecken

Suppe pürieren

Petersilie wiegen

Name:	Klasse:	Datum:	Fach:	Nr.:

Wir setzen Geräte wie ein Profi ein

Kartoffelpuffer – Reiberdatschi

Menge	Zutaten	Zubereitung
500 g	Kartoffeln	1. Kartoffeln waschen und schälen
1 EL	Rahm	2. Kartoffeln raspeln
1	Ei	3. Sofort Rahm, Ei, Mehl und Salz unterrühren
2 EL	Mehl	4. Fett erhitzen
1 Prise	Salz	5. Mit dem EL Puffer in die Pfanne setzen und flach drücken
reichlich	Fett zum Ausbacken	6. Auf beiden Seiten knusprig backen

Apfelmus

Menge	Zutaten	Zubereitung
3–4	Äpfel	1. Apfel waschen und schälen
3–4 EL	Wasser	2. Äpfel vierteln, Kernhaus ausschneiden
2–3 TL	Zucker	3. Äpfel in wenig Wasser einige Minuten weich garen
		4. Äpfel pürieren
		5. Warmes Apfelmus mit Zucker abschmecken

➔ Verbinde die Arbeitsschritte mit den passenden Geräten.

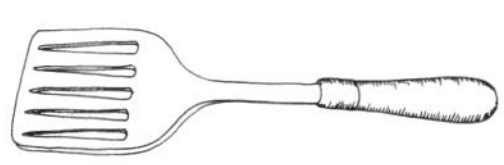

- Kartoffeln schälen
- Kartoffeln raspeln
- Kartoffelpuffer formen
- Kartoffelpuffer ausbacken
- Äpfel schälen
- Äpfel schneiden
- Apfelmus pürieren

Fragekarten: Vorbereiten von Obst und Gemüse

Methodische Hinweise:

- Fragekarten kopieren, evtl. vergrößern, falten, kleben und laminieren
- Wenn die Antwort nicht auf die Rückseite geklebt wird, sondern getrennt kopiert wird, können die Karten wie ein Memospiel benutzt werden.
- ____ Schneidelinie, ------ Faltlinie

Welche Lebensmittel wäschst du unter fließendem Wasser? 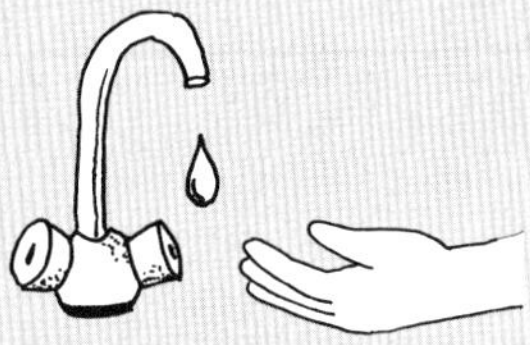	große Lebensmittel  
Welche Lebensmittel wäschst du im stehenden Wasser? 	Blattsalate  
Welche Lebensmittel wäschst du im Sieb? 	kleine Lebensmittel  
Warum wäschst du Obst und Gemüse? 	Um Schmutz und Schadstoffe zu entfernen.
Welche Teile entfernst du beim Putzen von Obst und Gemüse?	• welke Stellen • faule Stellen • Schimmel • Kernhaus
Was beachtest du beim Waschen von Blattsalaten? 	Nur kurz waschen!
Welche Lebensmittel musst du schälen? 	• Melone • Bananen • Zitrusfrüchte • Kartoffeln • Kiwi 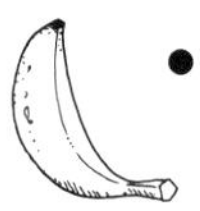 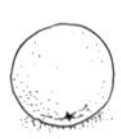  
Welche Lebensmittel kannst du mit der Schale essen? 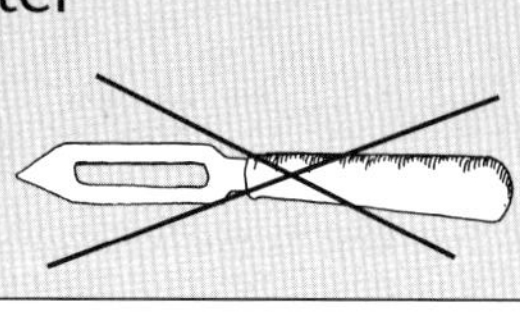	• Apfel • Gurke • Zucchini  

Welche Lebensmittel schälst du mit dem Messer? 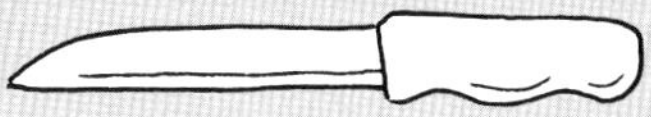	• Zwiebel • Kürbis • Melone 
Welches Obst schälst du mit den Fingern? 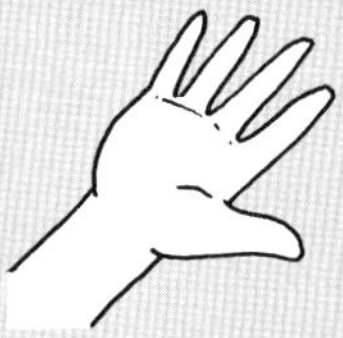	• Bananen • Mandarine 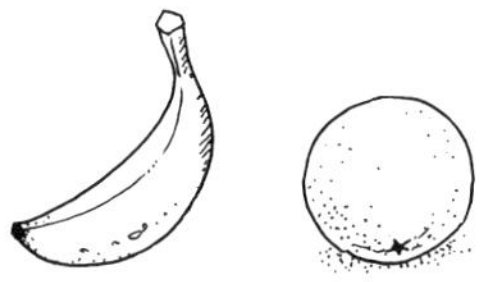
Welche Lebensmittel schälst du senkrecht zu dir? 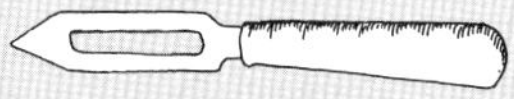 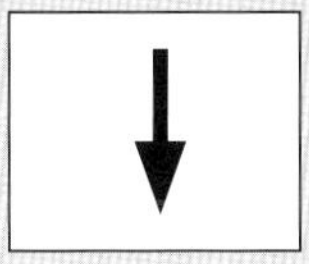	• Gurke, Zucchini • Kartoffeln • Birne 
Welches Obst schälst du spiralenförmig?  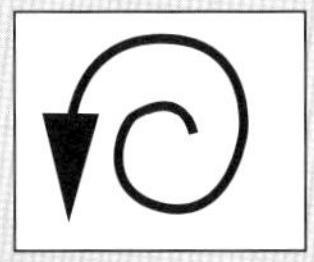	Apfel 
Warum isst du einen Apfel mit der Schale? 	Weil unter der Schale die meisten Vitamine und Mineralstoffe sind.
Warum schälst du Karotten? 	Um Schmutz und Schadstoffe zu entfernen.
Zerkleinerungsform? 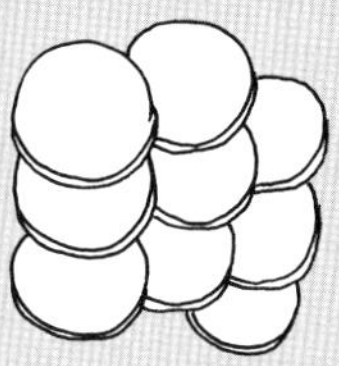	Scheiben
Zerkleinerungsform? 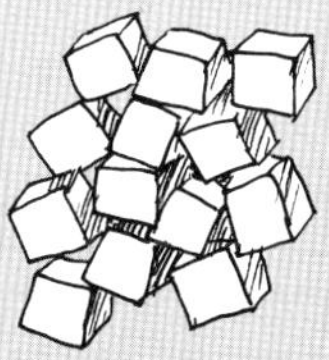	Würfel
Zerkleinerungsform? 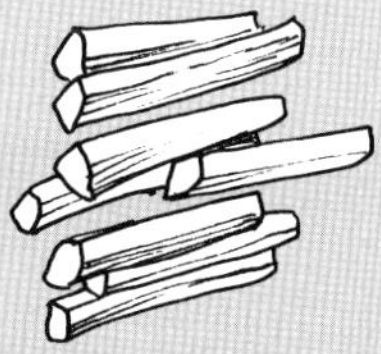	Streifen
Zerkleinerungsform? 	grobe Raspel

Zerkleinerungsform? 	feine Raspel
Arbeitsgerät zum Zerkleinern? 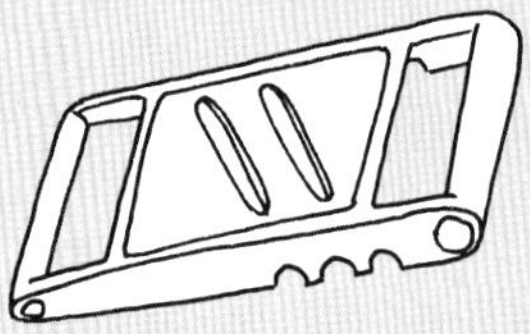	Hobel
Arbeitsgerät zum Zerkleinern? 	Raspel
Arbeitsgerät zum Zerkleinern? 	Reibe
Arbeitsgerät zum Zerkleinern? 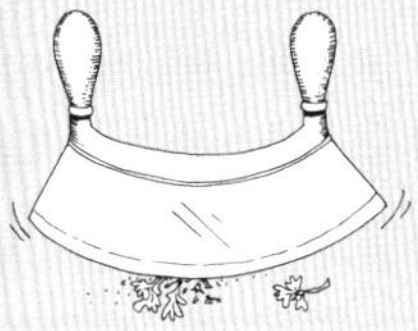	Wiegemesser
Arbeitsgerät zum Zerkleinern? 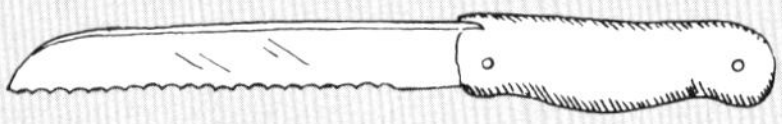	Messer mit Wellenschliff
Arbeitsgerät zum Zerkleinern? 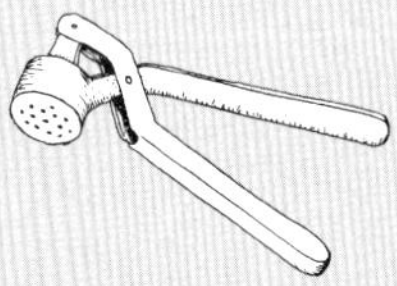	Knoblauchpresse
Arbeitsgerät zum Zerkleinern? 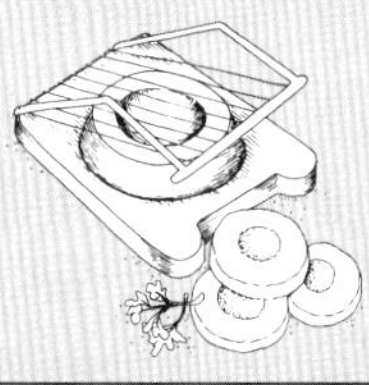	Eiteiler
Welche Lebensmittel zerkleinerst du mit einem Wiegemesser? 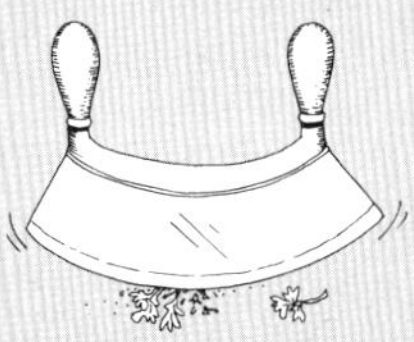	Kräuter, z. B. Petersilie 
Welche Lebensmittel schneidest du mit einem Messer mit Wellenschliff? 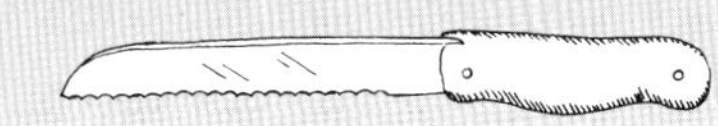	• Brot • Tomaten  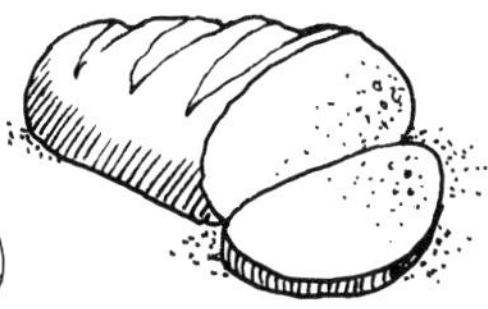

6.3 Belegte Brote herstellen

Methodische Hinweise:

- Aufgaben für die Gruppenarbeit kopieren, evtl. laminieren
- Die Aufgaben können bei der Erarbeitung, in Sicherungsphasen, bei Schüler- und Lehrervorarbeiten und in Übungsphasen verwendet werden.
- Medien:
  - Gruppenarbeit
  - Arbeits- und Rezeptblätter: „Wir bestreichen Brote“, „Belegte Brote mit Variationen“, „Wir garnieren belegte Brote“

Aufgaben „Belegte Brote“

Brote bestreichen

✗ Kreuze das richtige Messer zum Bestreichen von Brot an und begründe deine Entscheidung.

☝ Butter wird leichter streichfähig, wenn man sie einige Zeit vorher aus dem Kühlschrank nimmt.

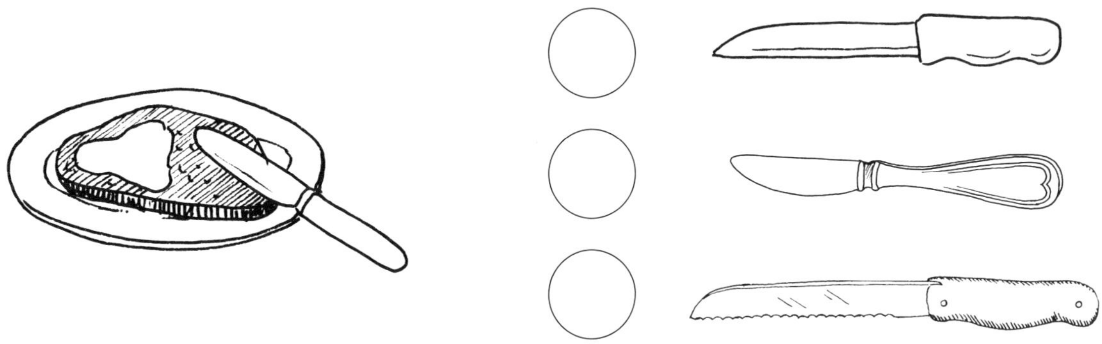

Brote auswählen

✎ Umkreise die besonders gesunden Vollkornprodukte grün.

✎ Umkreise die Produkte aus Weißmehl rot.

Tierische und pflanzliche Brotbeläge

➔ Wo stammt der Belag her? Von der Pflanze oder vom Tier?
Verbinde mit Pfeilen.

Belag

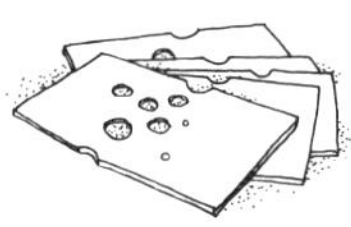

Herkunft

Tierische Herkunft:

Milchprodukte

Pflanzliche Herkunft:

z. B. Getreide,
Obst,
Gemüse

Tierische Herkunft:

Aus Fleisch
oder Fisch

Name:	Klasse:	Datum:	Fach:	Nr.:

Wir bestreichen Brote

Der Arbeitsplatz

Ergänze die fehlenden Angaben.

Mögliche Brotaufstriche

Pikant:

Süß:

Quarkaufstrich mit Variationen

Menge	Zutaten	Zubereitung
250 g 1/2 TL Prise	Quark Salz Pfeffer	1. Quark mit Gewürzen verrühren 2. Geschmackszutaten vorbereiten und unterrühren

Tsatsiki

1/2	geraspelte Gurke
1–2	Zehen Knoblauch
1/2	Bd. Dill
1/2	B. Joghurt

Kräuterquark

1/2 Bd.	Schnittlauch
1/2 Bd.	Petersilie
1 TL	Senf

Karottenquark

1	geraspelte Karotte
1 TL	Meerrettich

Paprikaquark

1/2	gewürfelte rote Paprika
1 TL	Paprika

Lösung: Seite 145

Name:	Klasse:	Datum:	Fach:	Nr.:

Belegte Brote mit Variationen

Käsebrot

Menge	Zutaten	Zubereitung
1 Sch. etwas 2 Sch.	Brot Butter Käse, z. B. Gouda, Butterkäse, Edamer, Camembert	1. Brot mit Butter bestreichen 2. Brot mit Käse belegen
	Garnierung: Tomate Petersilie	3. Garnieren

Radieschenbrot

Menge	Zutaten	Zubereitung
1 Sch. 1 EL 3–4 Sch.	Brot Frischkäse Radieschen	1. Brot mit Frischkäse bestreichen 2. Radieschen in Scheiben schneiden 3. Mit Radieschen belegen
	Garnierung: Kresse	4. Mit Kresse bestreuen

Wurstbrot

Menge	Zutaten	Zubereitung
1 Sch. 1 TL 2 Sch.	Brot Mayonnaise Wurst, z. B. Salami, Schinken, Putenbrust	1. Brot mit Mayonnaise bestreichen 2. Brot mit Wurst belegen
	Garnierung: Essiggurken Radieschen	3. Garnieren

Schnittlauchbrot

Menge	Zutaten	Zubereitung
1 Sch. etwas etwas	Brot Butter Schnittlauch	1. Brot mit Butter bestreichen 2. fein geschnittener Schnittlauch in die Butter pressen

Lachsbrot

Menge	Zutaten	Zubereitung
1 Sch. 1 TL 3–4 Sch.	Brot Mayonnaise Räucherlachs	1. Brot mit Mayonnaise bestreichen 2. Mit Lachs schuppenförmig belegen
	Garnierung: Meerrettich Dill	3. Mit Meerrettich und Dill garnieren

Tomaten-Mozzarellabrot

Menge	Zutaten	Zubereitung
1 Sch. 1 TL 1 3 Sch. Prise	Brot Mayonnaise Tomate Mozzarella Tomatensalz	1. Brot mit Mayonnaise bestreichen 2. Tomate und Mozzarella in Scheiben schneiden 3. Brot schuppenförmig belegen 4. Mit Salz bestreuen
	Garnierung: Basilikum	5. Mit Basilikum garnieren

Name:	Klasse:	Datum:	Fach:	Nr.:

Wir garnieren belegte Brote

Scheiben und Ringe

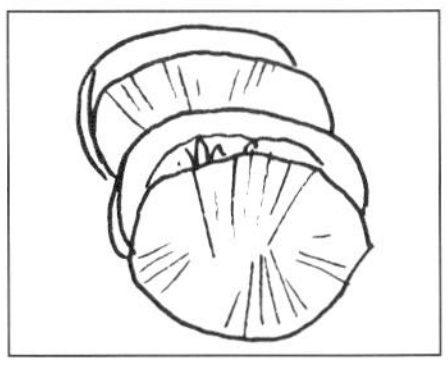 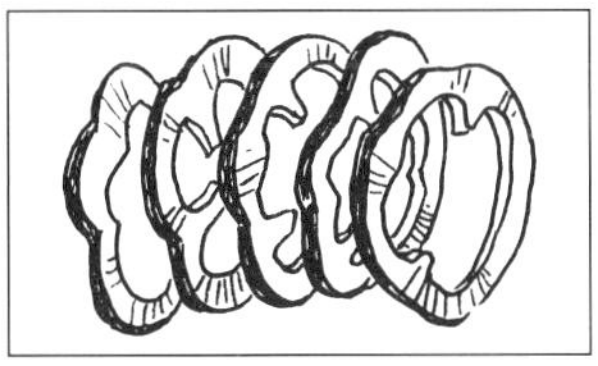 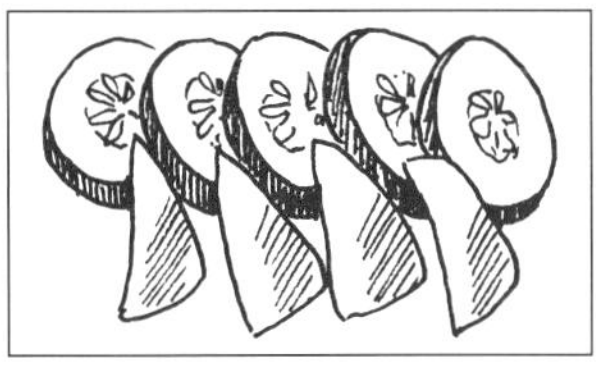 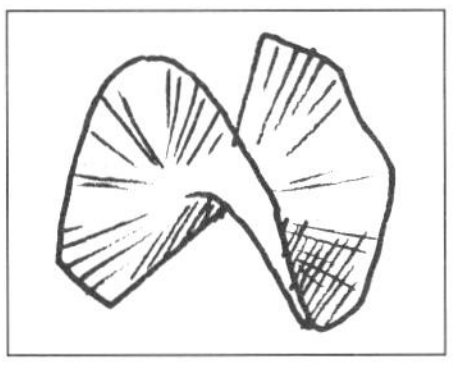

Geeignete Lebensmittel: ____

____

Spalten

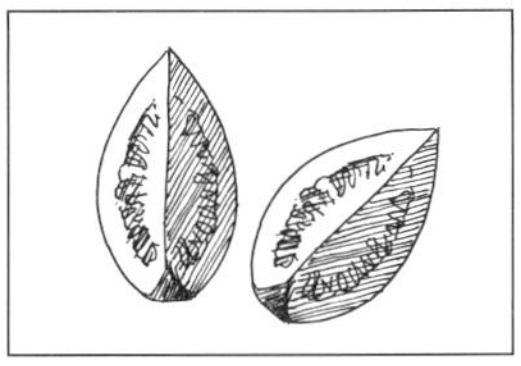 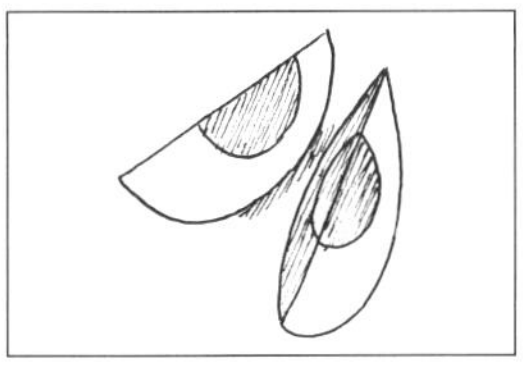 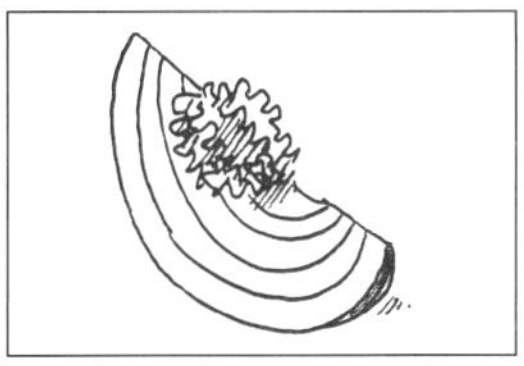

Geeignete Lebensmittel: ____

Ganze Lebensmittel

 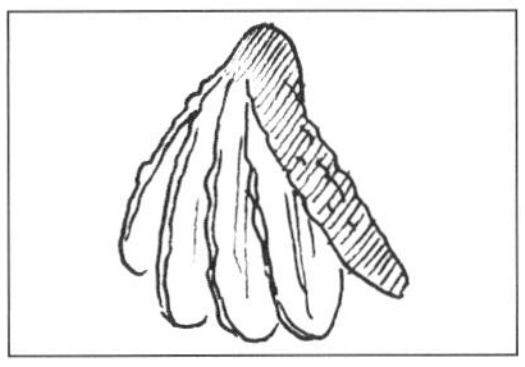 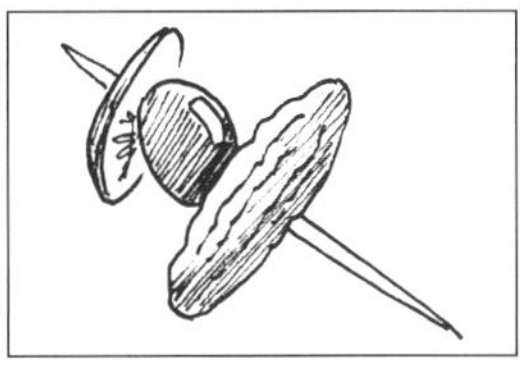 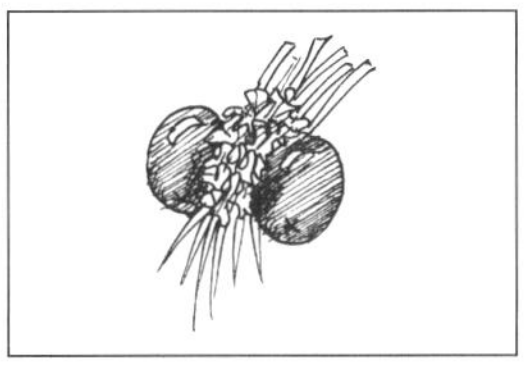

Geeignete Lebensmittel: ____

Geeignete Kräuter

  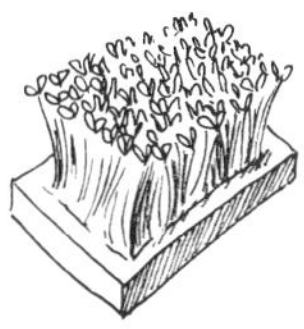 

______________ ______________ ______________ ______________

Lösung: Seite 145

6.4 Lebensmittel mischen

Methodische Hinweise:

- Aufgaben für die Gruppenarbeit, Zuordnungsspiele und Fragekarten kopieren, evtl. laminieren
- Die Aufgaben und Spiele können bei der Erarbeitung, in Sicherungsphasen, bei Schüler- und Lehrervorarbeiten und in Übungsphasen verwendet werden.

Medien:

- Legespiel „Mischen“
- Zuordnungskarte „Arbeitsgeräte zum Backen“
- Klammerkarten „Mischen“
- Arbeits- und Rezeptblätter
  - AB „Wir mischen Lebensmittel“
  - AB „Wir stellen einen Rührteig her“, Rezepte für Muffins

Legespiel: Mischen

1. Legesteine

2. Legefeld „Mischen“

Unterrichtspraktische Hinweise:

- Legefeld und Bildsteine evtl. vergrößert kopieren, evtl. laminieren.
- Bilder können für die Tafelanschrift und für die Erstellung von Plakaten verwendet werden.
- Wort- und Bildkarten können auch als Zuordnungsspiel bei einer Gruppen-, Partner- oder Einzelarbeit und zum Differenzieren und Üben verwendet werden.

	vermengen	rühren	mixen	schlagen	unterheben	kneten
Arbeitsgerät						
Beispiel						

Zuordnungskarte

Nur ---------- Linien schneiden!

Arbeitsgeräte zum Backen

Pinsel		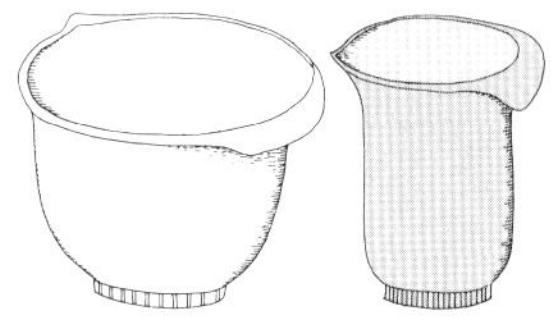	**Rührschüsseln**
Nudelholz	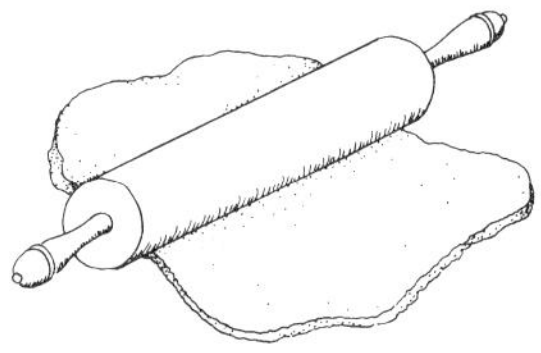	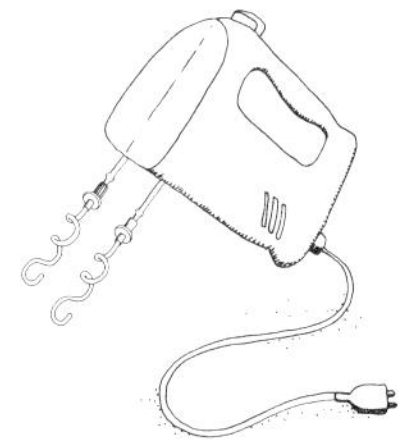	**Rührgerät mit Knethaken** z. B. Hefeteig
Mehlsieb	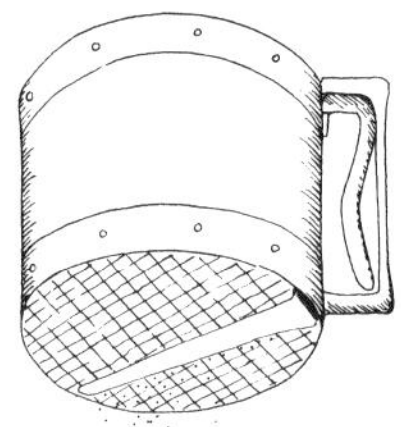	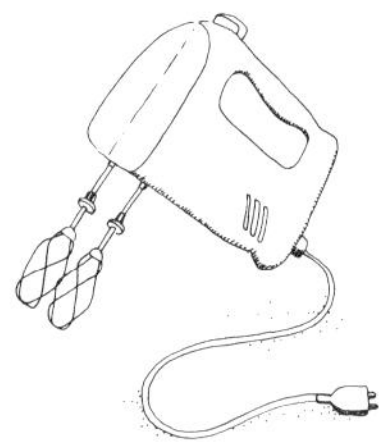	**Rührgerät mit Rührbesen** z. B. für Sahne, Schaummassen
Kastenform	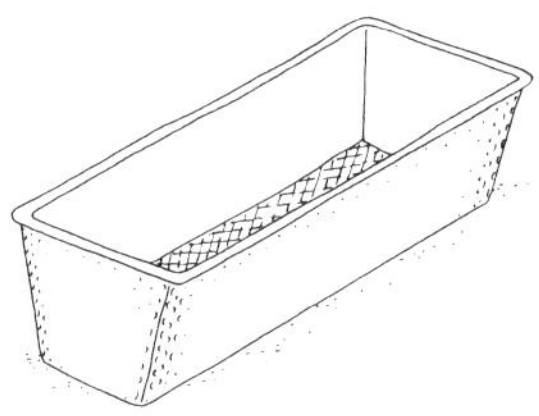	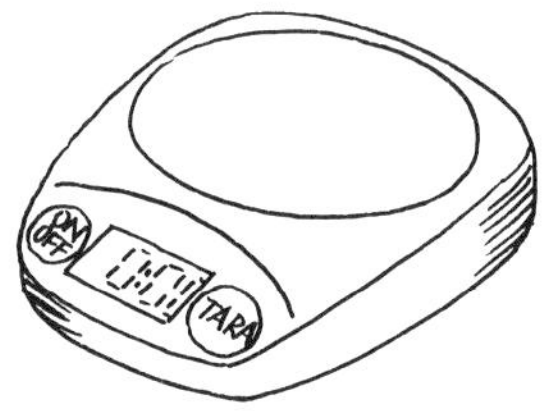	**Elektronische Waage** z. B. für Mehl, Zucker, Butter
Springform	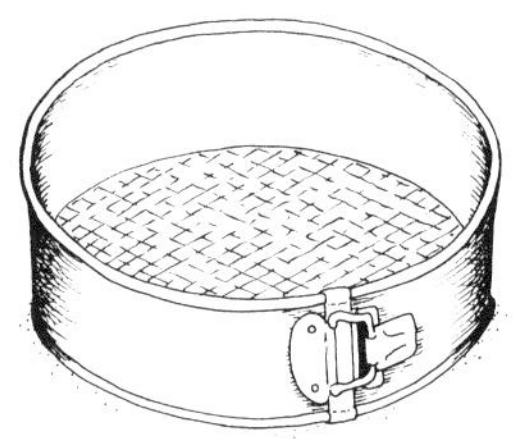	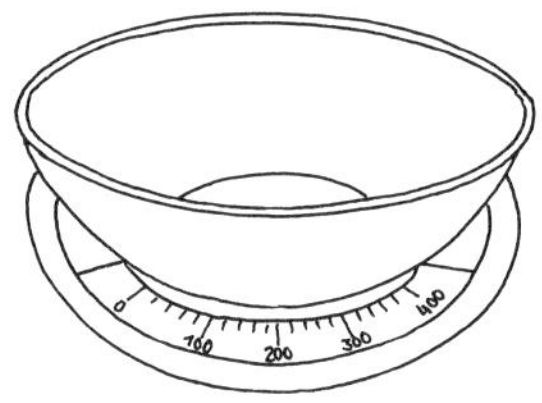	**Mechanische Waage** z. B. für Mehl, Zucker, Butter
Obstkuchenform		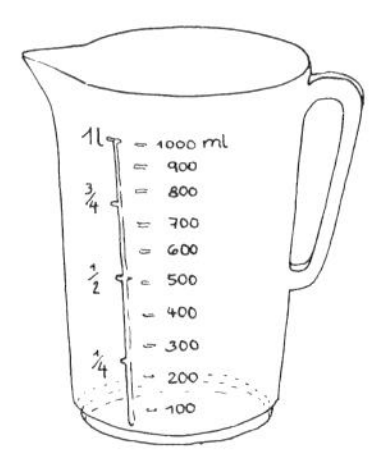	**Messbecher** z. B. für Milch, Wasser
Schneebesen			**Teigschaber**

Klammerkarten: Mischen

Herstellung: Karten ausschneiden, Lösungsstreifen nach hinten falten, Karte laminieren.

Klammerkarte

	Lösung
rühren	
unterheben	
mixen	
vermengen	✓

Klammerkarte

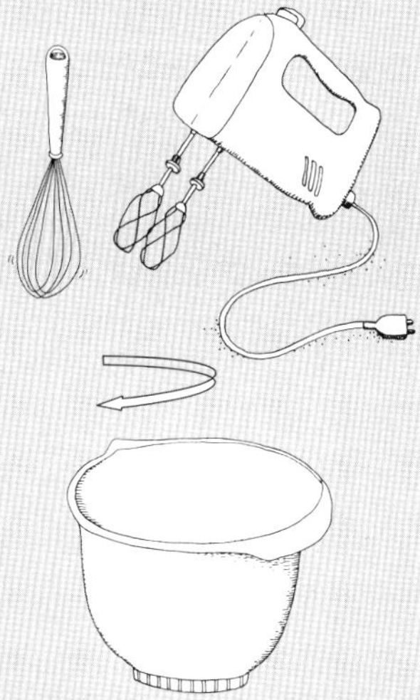

	Lösung
rühren	✓
unterheben	
mixen	
vermengen	

Klammerkarte

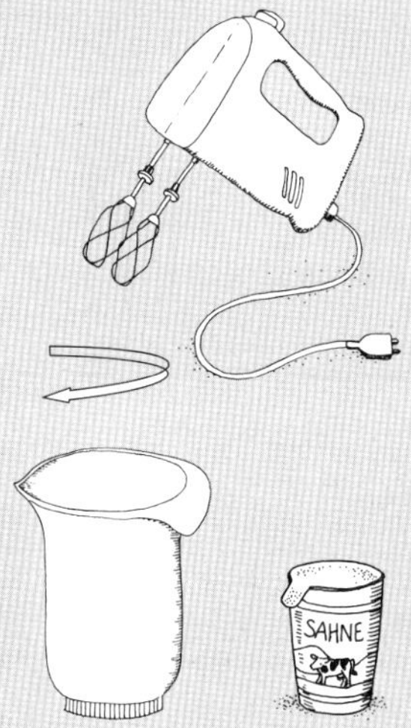

	Lösung
rühren	
unterheben	
mixen	
schlagen	✓

Klammerkarte

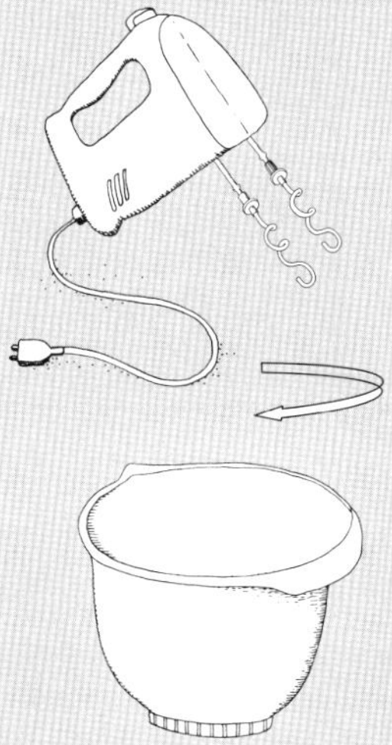

	Lösung
kneten	✓
unterheben	
mixen	
vermengen	

Klammerkarte

	Lösung
rühren	
unterheben	✓
mixen	
schlagen	

Klammerkarte

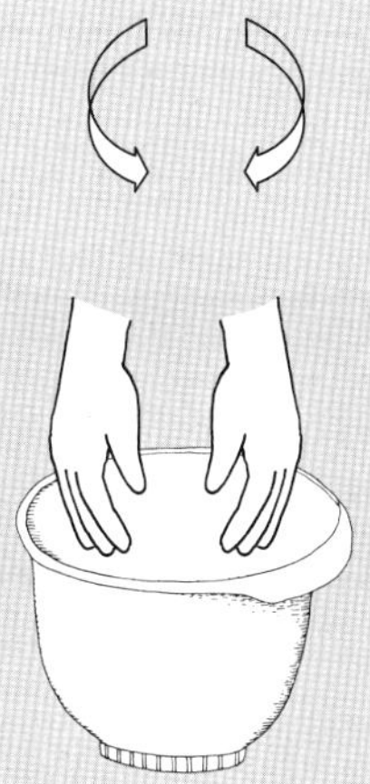

	Lösung
rühren	
unterheben	
kneten	✓
vermengen	

Klammerkarte

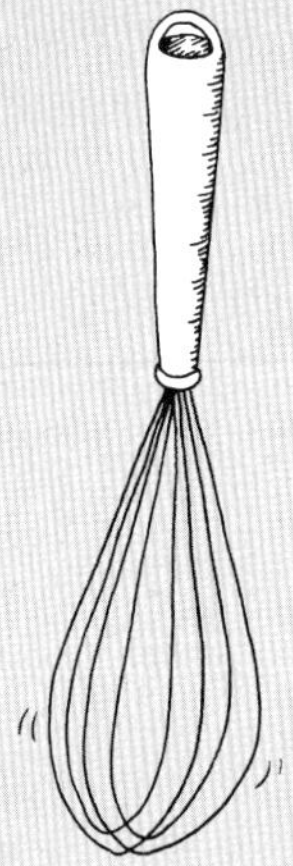

	Lösung
Knethaken	
Schneebesen	✓
Rührbesen	
Teigschaber	

Klammerkarte

	Lösung
Mixer	✓
Teigschaber	
Rührgerät	
Schneebesen	

Klammerkarte

Rührgerät mit

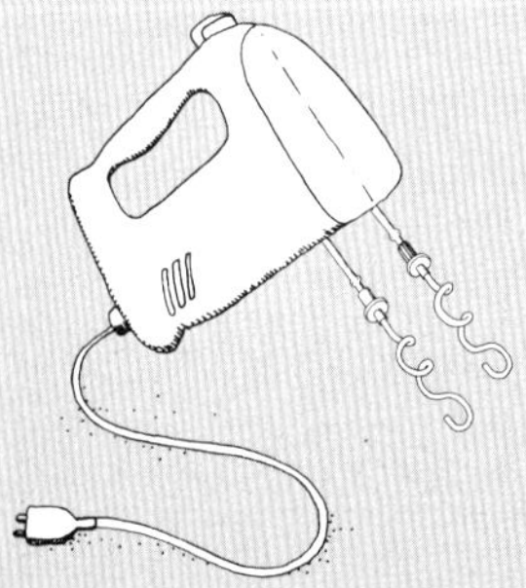

	Lösung
Knethaken	✓
Schneebesen	
Rührbesen	
Teigschaber	

Klammerkarte

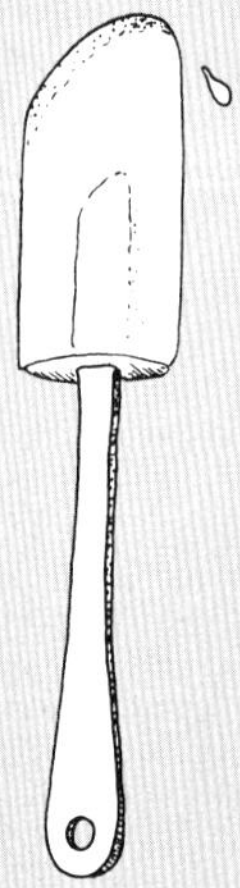

	Lösung
Knethaken	
Schneebesen	
Rührbesen	
Teigschaber	✓

Klammerkarte

Rührgerät mit

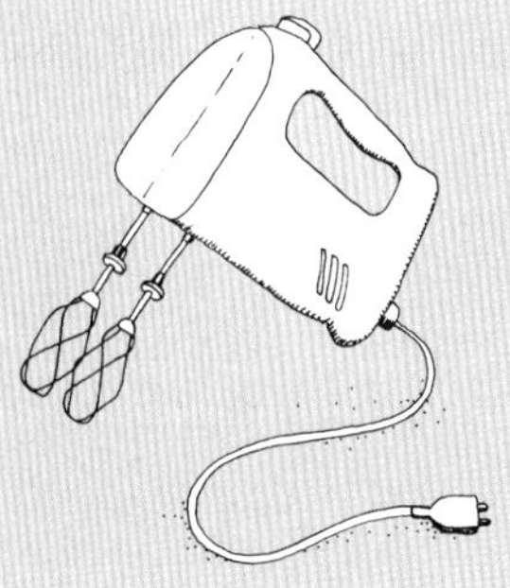

	Lösung
Knethaken	
Schneebesen	
Rührbesen	✓
Teigschaber	

Klammerkarte

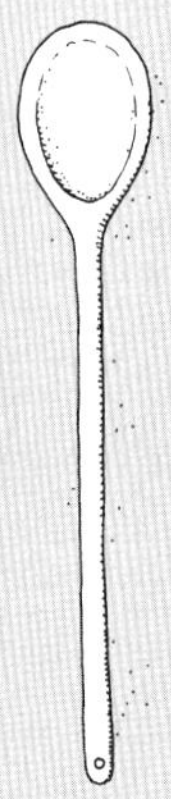

	Lösung
Knethaken	
Schneebesen	
Rührbesen	
Kochlöffel	✓

Name:	Klasse:	Datum:	Fach:	Nr.:

Wir mischen Lebensmittel

Ordne folgende Begriffe zu:

unterheben | rühren | kneten mit der Hand | mixen

kneten mit dem Rührgerät | vermengen | schlagen

Beispiele		**Begriff**
z. B. Salat		______________
z. B. Rührteig	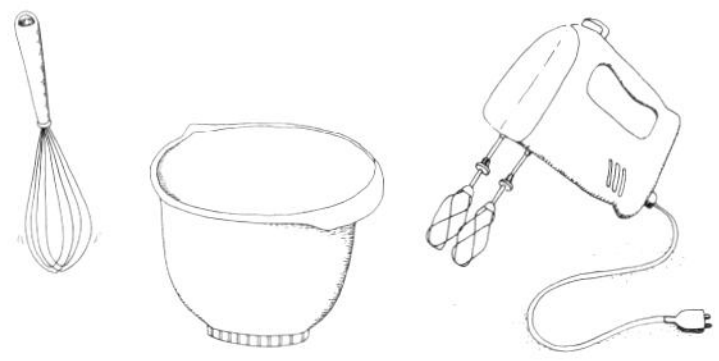	______________
z. B. Mixgetränk, Cremesuppen		______________
z. B. Sahne, Eischnee	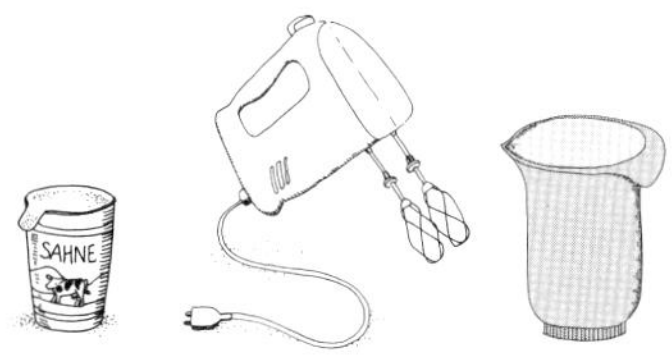	______________
z. B. Sahne, Eischnee	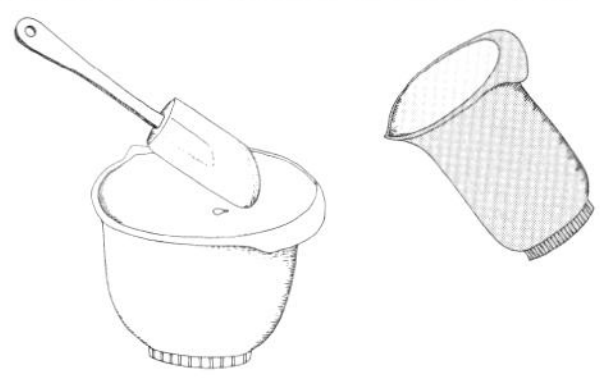	______________
z. B. Hefeteig, Mürbteig		______________ ______________
z. B. Hefeteig	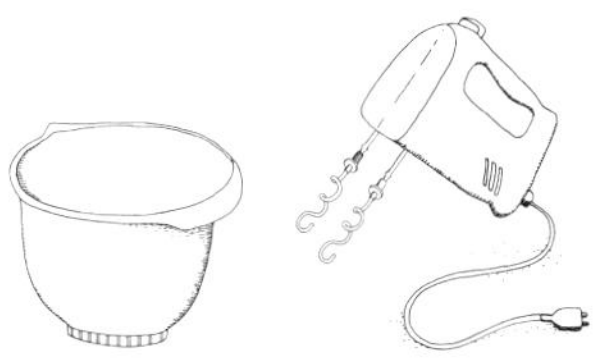	______________ ______________

Name:	Klasse:	Datum:	Fach:	Nr.:

Wir stellen einen Rührteig her

Rübli- oder Kürbismuffins		
Menge	**Zutaten**	**Zubereitung**
350 g	Karotten oder Kürbis (geschält)	1. Karotten oder Kürbis schälen, raspeln
3	Eiweiß	2. Eier trennen 3. Eiweiß <u>steif schlagen</u>
150 g 150 g 2 TL 1 P. 3	Butter Puderzucker Zimt Vanillezucker Eigelb	4. Schaummasse aus Butter, Zucker, Eigelb und Vanillezucker <u>rühren</u>
180 g 2 TL 150 g	Mehl Backpulver Mandeln	5. Mehl und Backpulver sieben 6. Mehl, Backpulver und Mandeln zugeben und Teig kurz <u>rühren</u> 7. Gemüseraspel <u>unterrühren</u> 8. Eischnee vorsichtig <u>unterheben</u> 9. Teig in Muffinförmchen füllen und backen: Temperatur: 180 °C, oder Zeit: 20–30 Minuten

➔ Ordne die Arbeitsschritte den Bildern zu.

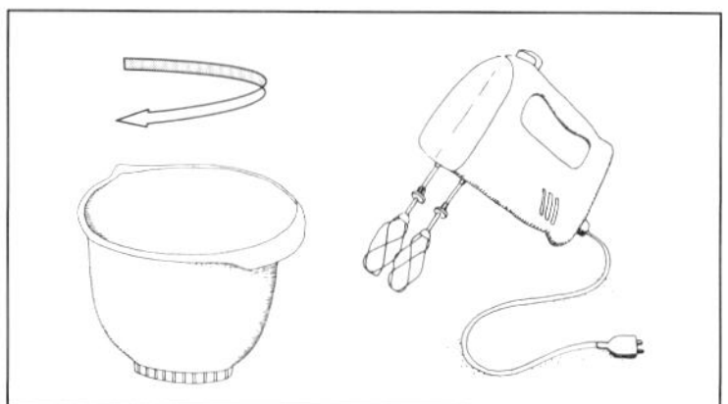

Eischnee <u>unterheben</u>

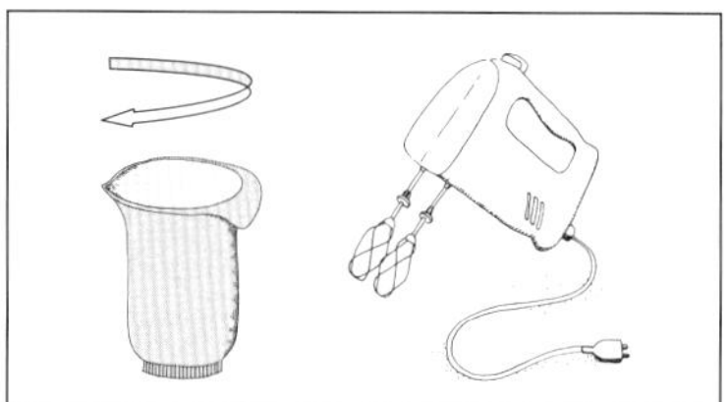

Schaummasse <u>rühren</u>

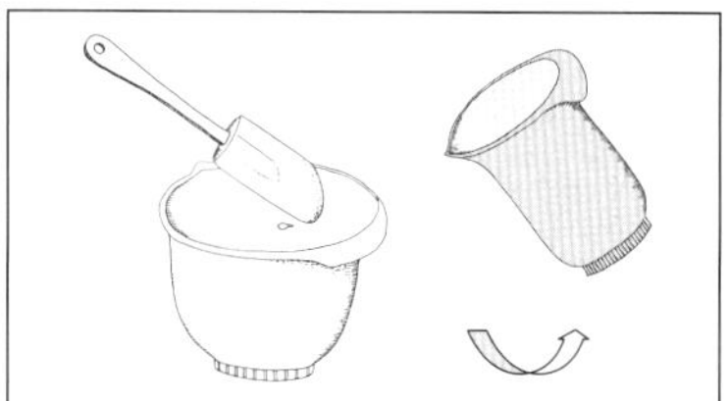

Eiweiß steif <u>schlagen</u>

Name:	Klasse:	Datum:	Fach:	Nr.:

Wir stellen einen Rührteig her

Müslimuffins		
Menge	**Zutaten**	**Zubereitung**
1 1 TL	Apfel Zitronensaft	1. Apfel schälen, Kernhaus ausschneiden, raspeln 2. Apfel mit Zitronensaft beträufeln
100 g 2 80 g 1 P.	Butter Eier Honig Vanillezucker	3. Butter, Eier, Honig und Vanillezucker mit Handrührgerät schaumig rühren
120 g 1 TL 1/2 TL etwas	Mehl Backpulver Zimt Milch	4. Mehl, Backpulver und Zimt auf die Schaummasse sieben, kurz rühren 5. Milch nach Bedarf unterrühren 6. Apfelraspel und Müsli zugeben und unterheben
150 g	Müsli	7. Teig mit zwei Löffeln in die Muffinförmchen füllen und sofort backen
		8. Temperatur: 200 °C, oder 180 °C, Zeit: 30–35 Minuten

➔ Ordne die Arbeitsschritte den Geräten zu.

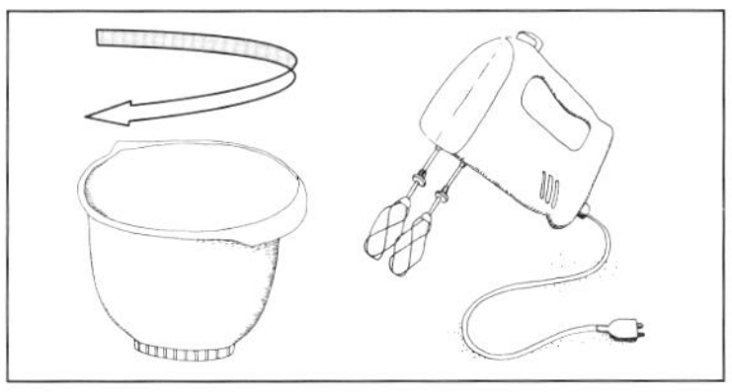

Apfel schälen

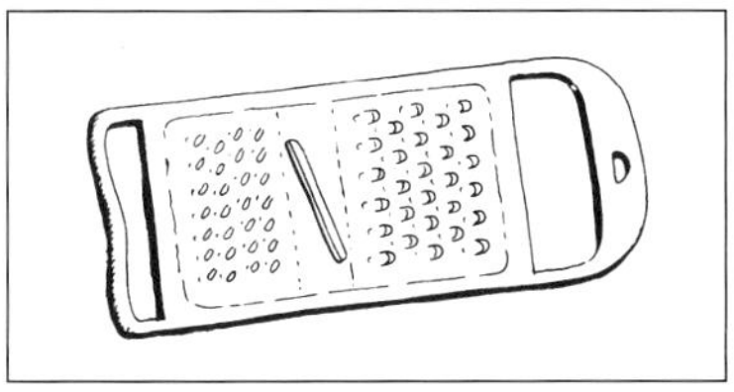

Schaummasse rühren

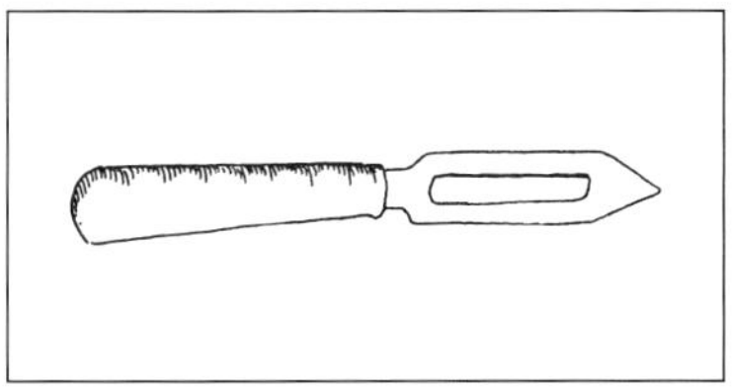

Apfel raspeln

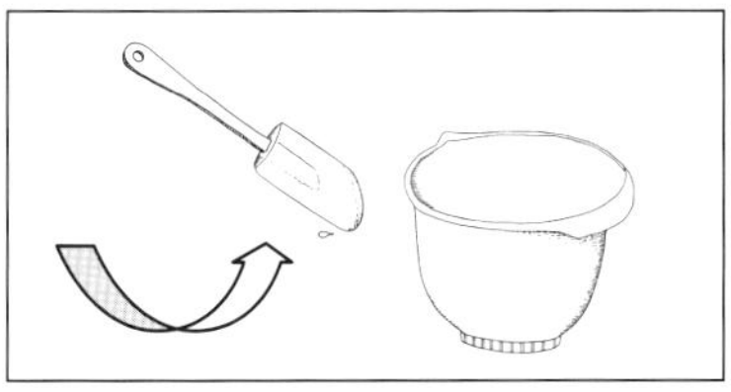

Müsli und Apfelraspel unterheben

7 Geräte

Lehrplanbezug:

Mittelschule, 7.–10. Jahrgangsstufe
Hauswirtschaftlich-sozialer Bereich
Planen und beschaffen
7.1.1 Wirtschaftliches und umweltbewusstes Haushalten
7.4 Technische Hilfen im Haushalt
7.4.1 Sachgerechter Einsatz von Geräten
7.4.2 Unfallverhütung beim Einsatz technischer Geräte im Haushalt

Arbeit – Wirtschaft – Technik
- Arbeit und Technik im Privaten Haushalt

Förderschule, Förderschwerpunkt Lernen
Hauswirtschaft, 5./6. Jahrgangsstufe
3. Die Küche als Arbeitsplatz kennen lernen
12 Den Herd kennen lernen
12.1 Die Backröhre bedienen

Berufs- und Lebensorientierung – Hauswirtschaftlich-soziale Praxis
- ○ Den berufsfeldorientierten und lebenspraktischen Bereich Hauswirtschaft – Ernährung kennen lernen

2.3 Tätigkeiten im Berufsfeld HW/ER ausführen

Medien und methodische Einsatzmöglichkeiten:

Handrührgerät:
- Zuordnungsspiel „Handrührgerät“
- Bandolino zum Üben und Differenzieren

Pürierstab:
- Kennenlernen des Pürierstabes – Einsatzmöglichkeiten

Herd:
- Stufenschalter-Skala, Bilder für Tafelanschrift und Vorarbeiten vergrößern
- Quartett als Differenzierung
- Klammerkarten zum Üben und Differenzieren

Backrohr:
- Gruppenarbeit (arbeitsgleich/arbeitsteilig)
- Erstellung eines Steckbriefes
- Klammerkarten zum Üben und Differenzieren

Kompetenzen:

- Den Herd und das Backrohr als unersetzliches Gerät in der Küche kennen und zum Zubereiten von warmen Speisen fachgerecht einsetzen
- Sicherheitsvorschriften bei elektrischen Geräten kennen und diese beim Einsatz einhalten
- Das Handrührgerät kennen und bei der Nahrungszubereitung fachgerecht sowie sicherheitsbewusst einsetzen
- Verschiedene Waagen kennen und zum exakten Abwiegen von Zutaten nutzen
- Den Pürierstab kennen und zum Zerkleinern von Lebensmitteln nutzen

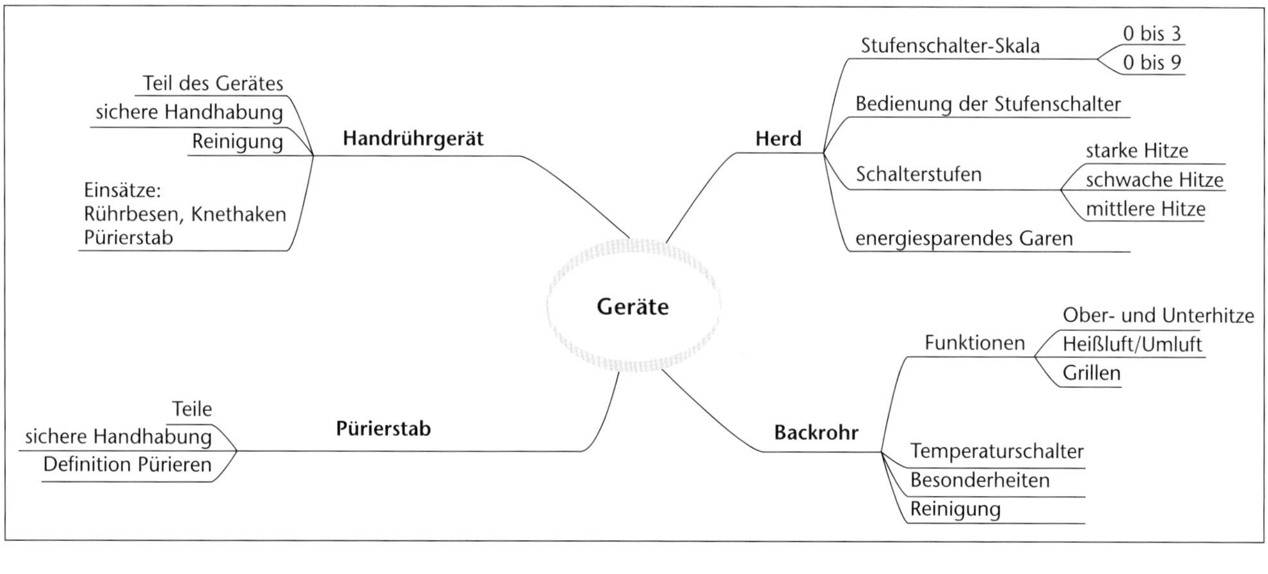

7.1 Das Handrührgerät und der Pürierstab

Medien:
- Zuordnungsspiel „Handrührgerät"
- Bandolino „Handrührgerät"
- Arbeitsblätter:
  - Die Teile des Handrührgerätes
  - Ich arbeite sicher mit dem Handrührgerät
  - Wir üben den Umgang mit dem Handrührgerät
  - Der Pürierstab

Zuordnungsspiel „Handrührgerät"

Methodische Hinweise:
- Einsatz des Spiels:
  - Erarbeitungsphase: Zuordnen der Teile im Klassenverband. Zuordnung der Pfeile kann sowohl am Gerät als auch am Bild geschehen.
  - Schüleraktiv in Partnerarbeit/Gruppenarbeit: Das Arbeitsblatt „Die Teile des Handrührgerätes" kann mithilfe des Zuordnungsspiels selbstständig ausgefüllt werden.
  - Zur Sicherung, Wiederholung, Kontrolle
  - Mithilfe des Kontrollbildes können die Schüler selbsttätig kontrollieren.
- Herstellung: Bild Handrührgerät und Pfeile evtl. vergrößern, ausschneiden, laminieren

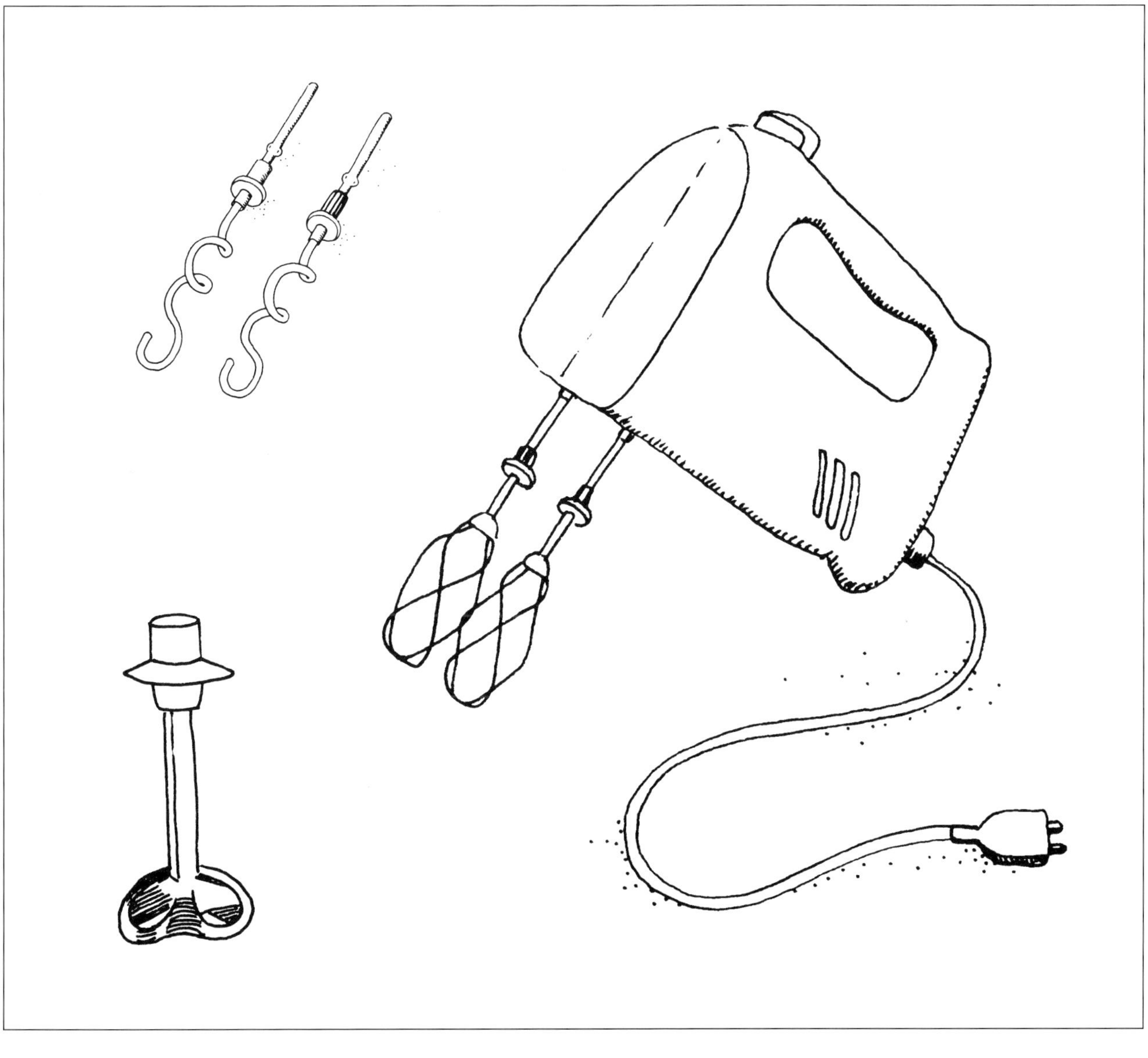

Pfeile zum Zuordnen

Grundgehäuse

Knethaken

Rührbesen

Einstecköffnung

Stufenschalter

Auswerftaste

Pürierstab

Stecker mit Kabel

Lösungsbild zur Selbstkontrolle

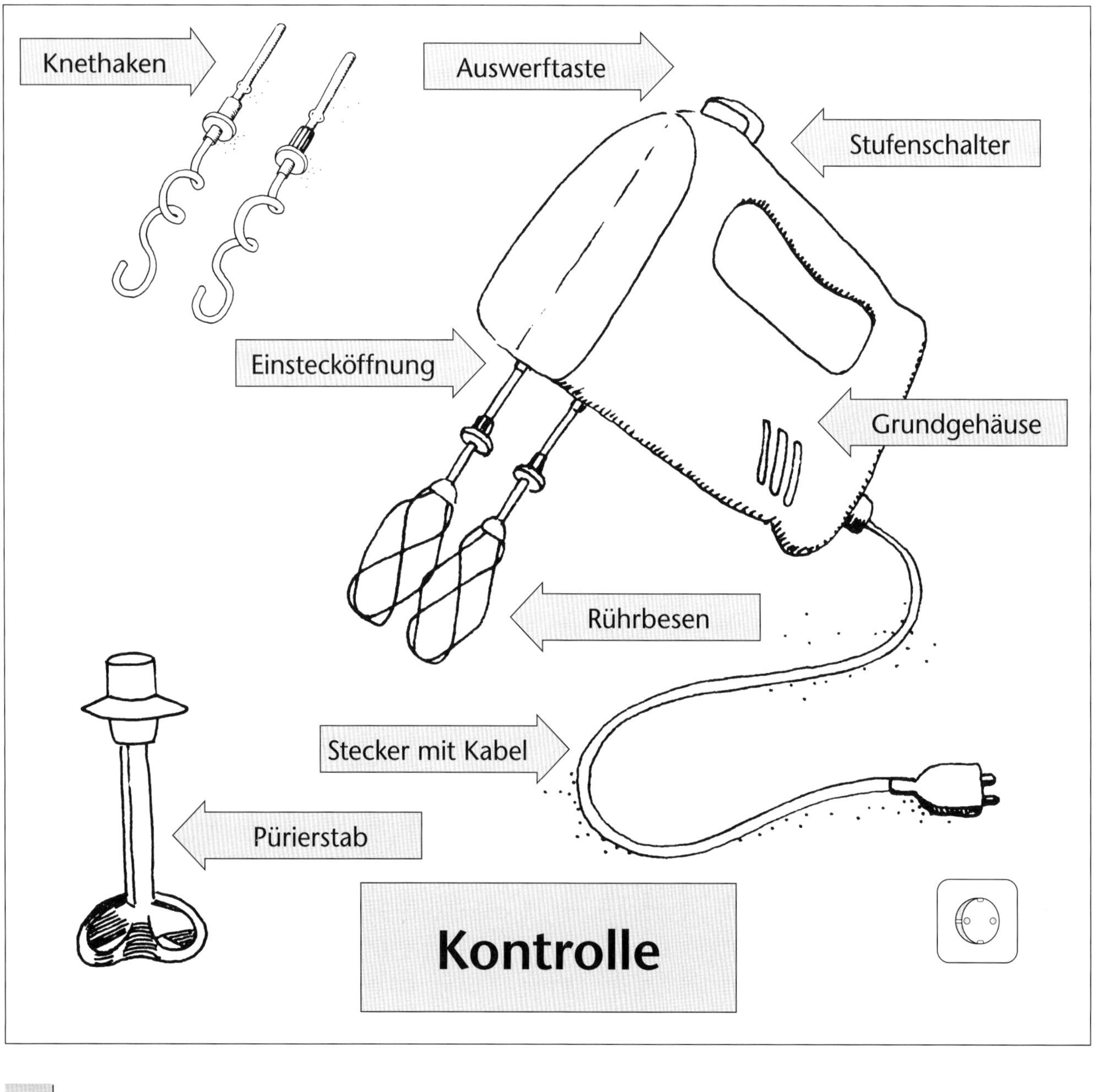

Bandolino: Handrührgerät

Methodische Hinweise:

- Bandolino kopieren, Vorder- u. Rückseite zusammenkleben und laminieren. Dreiecke einschneiden
- Faden mit Perle in den Kreis einziehen

Name:	Klasse:	Datum:	Fach:	Nr.:

Die Teile des Handrührgerätes

Ergänze die Namen der Teile.

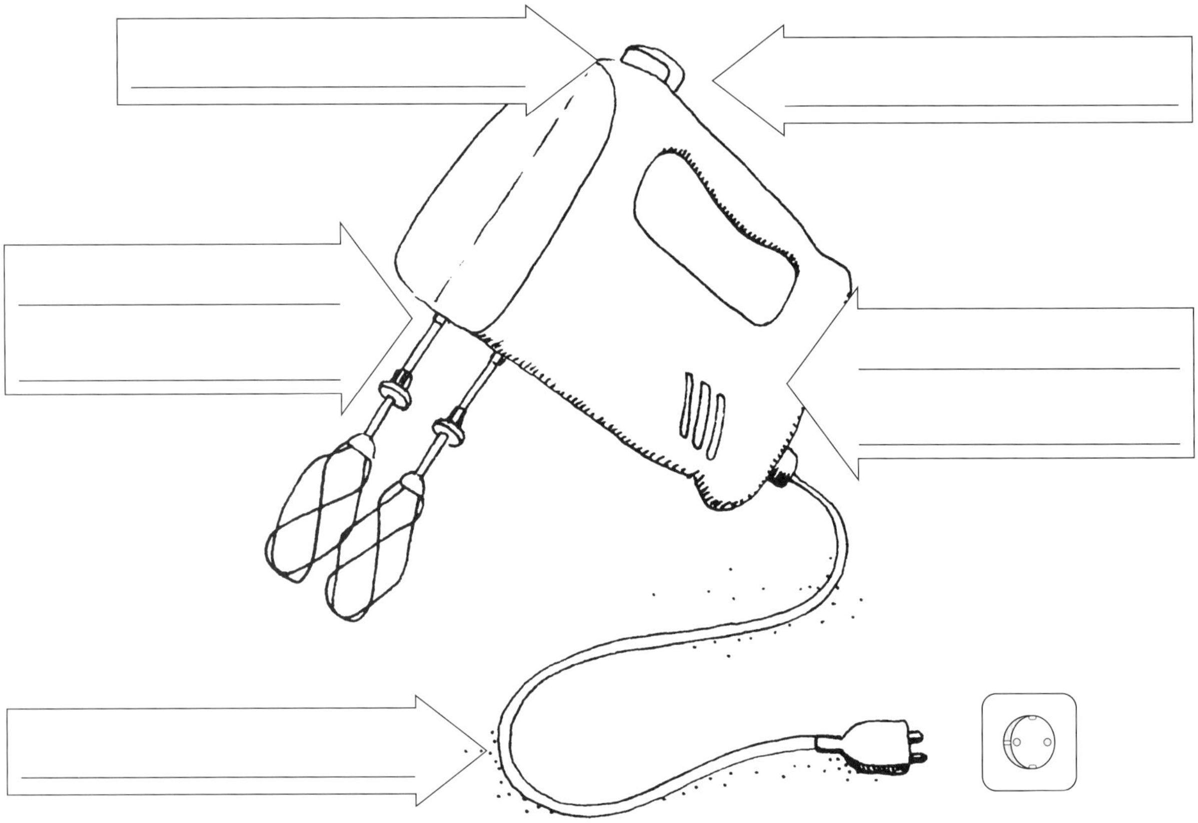

Benenne die Einsätze und verbinde diese mit der richtigen Eignung.

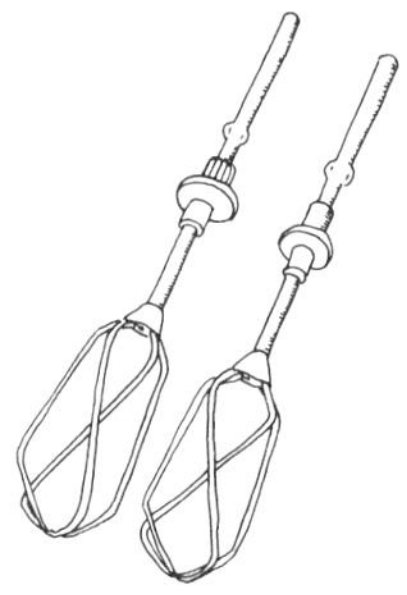	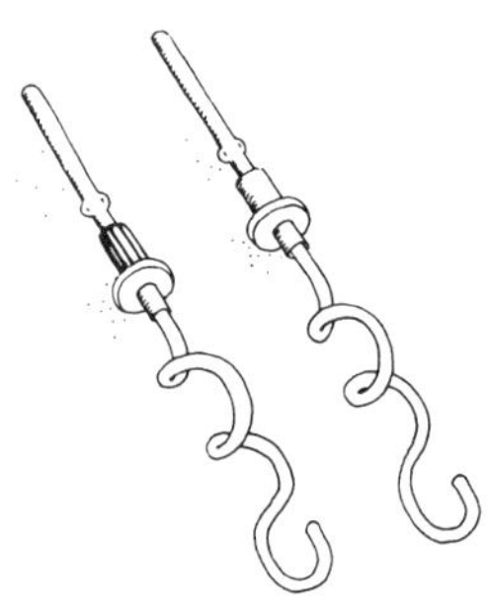	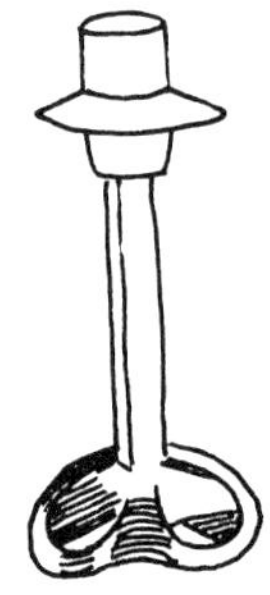

geeignet für **feste Teige**, z. B.: Hefeteig, Mürbteig	geeignet **zum Pürieren**, z. B.: cremige Suppen, Apfelmus	geeignet für **weiche Teige** und **Flüssigkeiten**, z. B.: Rührteig, Sahne schlagen

Lösung: Seite 146

Name:	Klasse:	Datum:	Fach:	Nr.:

Ich arbeite sicher mit dem Handrührgerät

➔ Verbinde richtig.

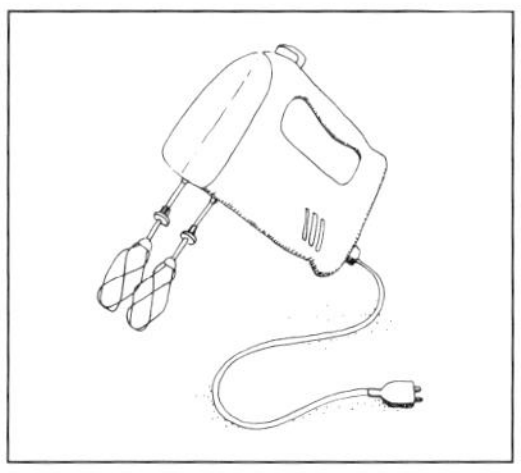

Ich binde die Haare immer zusammen, damit sie sich nicht um die Einsätze wickeln können.

Ich greife nie mit Arbeitsgeräten in das laufende Gerät, diese können vom Gerät ergriffen werden.

Ich baue das Gerät zuerst zusammen, dann stecke ich den Stromstecker ein.

✎ Ergänze die Lücken in der Reinigung.

reinigen	feuchten	Einsätze	ausstecken	aufwickeln

1. Stromstecker ____________________
2. ____________________ herausnehmen
3. Einsätze gründlich ____________________
4. Grundgehäuse mit einem ____________________ Tuch abwischen
5. Kabel ____________________

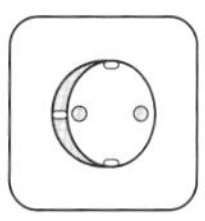

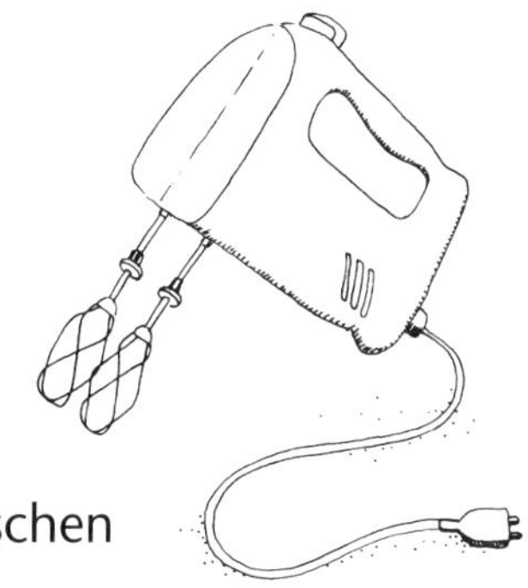

? Was sparst du, wenn du bei der Zubereitung eines Teiges das Handrührgerät verwendest?

Antwort: Ich spare ____________________ und ____________________!

Lösung: Zeit und Kraft

Name:	Klasse:	Datum:	Fach:	Nr.:

Wir üben den Umgang mit dem Handrührgerät

➔ Verbinde den Arbeitsschritt mit dem jeweiligen Gerät/Werkzeug.

Quarkölteigschnecken

Menge	Zutaten	Zubereitung
Quark-Öl-Teig:		1. Alle Zutaten abwiegen und messen
150 g 2 EL 1 Pr 100 ml 1 300 g 1/2 P.	Quark Milch Salz Öl Ei Mehl Backpulver	2. Quark, Milch, Salz, Öl und Ei mit dem Handrührgerät (Einsätze: Rührbesen) verrühren
		3. Mehl zugeben und mit dem Handrührgerät (Einsätze: Knethaken) verkneten
		4. Füllung (je nach Wunsch) herstellen
		5. Backblech mit Backpapier auslegen
Füllung:	siehe Kästchen unten	6. Teig ausrollen 7. Füllung aufstreichen und aufrollen 8. 1 cm dicke Scheiben abschneiden und auf das Backblech setzen 9. Quarkölteigschnecken backen 10. 200 °C ca. 15 Min

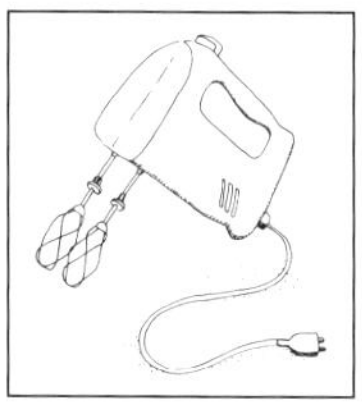
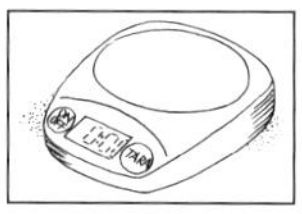

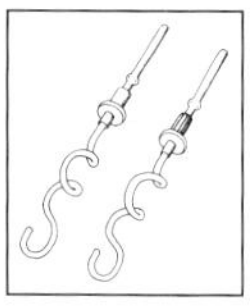

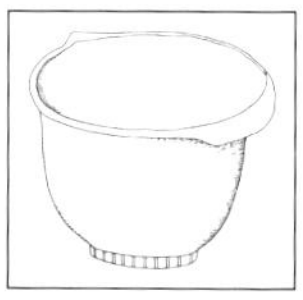
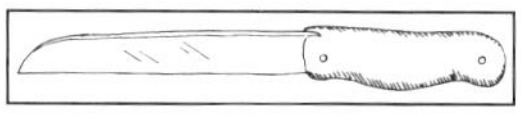

Verschiedene Füllungen

Süß		**Pikant**	
Nuss – Rosinen 150 g Nüsse (gem.) 1 EL Rosinen 70 g Zucker 5 EL Sahne	Pudding Vanillepudding nach Packungsanleitung zubereiten, erkalten lassen	Italy 50 g Käse (ger.) 1/2 Paprika 100 g Salami 1 D. Tomatenmark 2 EL Öl 1/4 TL Oregano, Salz, Pfeffer	Schinken-Käse 100 g Schinken 1/2 Zwiebel 50 g Käse (ger.) 1/4 TL Salz, Pfeffer

Name:	Klasse:	Datum:	Fach:	Nr.:

Der Pürierstab

Ergänze die Namen der Teile.

____

= Muss gedrückt gehalten werden

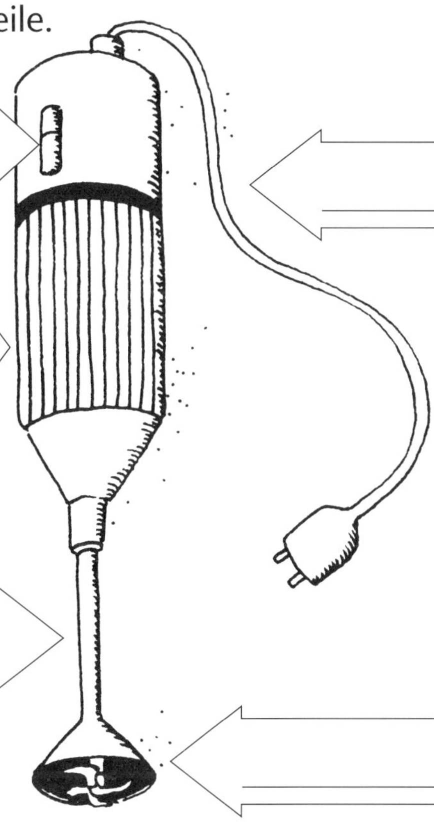

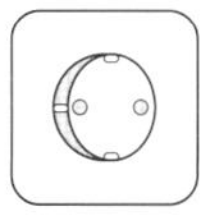

____

____

____

____

____

Nummeriere die Arbeitsschritte in der richtigen Reihenfolge.

	Lebensmittel pürieren
	Pürierstab zusammenbauen
	Pürierstab ausstecken 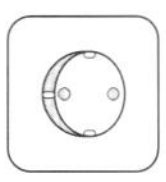
	Pürierstab einstecken 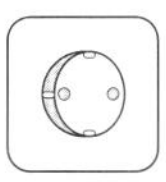
	Pürierstab auseinandernehmen
	Kabel aufwickeln
	Pürierstab reinigen ➔ Es darf nur der Püriereinsatz gespült werden. ➔ Grundgehäuse mit einem feuchten Lappen abwischen

Lösung: Seite 146

Name:	Klasse:	Datum:	Fach:	Nr.:

Wir verwenden Geräte wie ein Profi

Trage die Arbeitsgeräte richtig ein.

Messer | Pürierstab | Hobel | Salatbesteck | Raspel | Schüssel | Messer

Gourmet-Salat

Menge	Zutaten	Zubereitung	Geräte
1/4 Kopf	Eissalat	1. Eissalat waschen, schneiden	
1/2	Gurke	2. Gurke hobeln	
1	Karotte	3. Karotte raspeln	
2 EL	Mais	4. Alle Zutaten in eine Schüssel geben	
3	Pfirsichhälften	5. Marinade herstellen: • Pfirsichhälften in Würfel schneiden	
 1 EL 1 EL 1/4 TL	Pfirsichsaft Öl Essig Salz	• Pfirsichsaft, Öl, Essig und Gewürze dazugeben, pürieren	
1 Pr.	Pfeffer	6. Salat marinieren	

Nummeriere die Arbeitsschritte und verbinde sie mit dem passenden Arbeitsgerät.

Südsee-Cocktail

Menge	Zutaten	Zubereitung		
1/2 l 1/4 l 1 EL 1 TL	Orangensaft Ananassaft Zitronensaft Himbeersirup	◯	Alle Zutaten in ein hohes Gefäß geben	
		◯	Säfte abmessen	
3 Sch.	Ananas	◯	Kiwi zur Dekoration in Scheiben schneiden	
1	Kiwi	◯	Ananas würfeln	
		◯	Cocktail pürieren	
		◯	Cocktail abfüllen und Glas mit Kiwi verzieren	

7.2 Herd und Backrohr

Klammerkarten „Herd“

Methodische Hinweise:

- Klammerkarten evtl. vergrößert kopieren, Lösungsstreifen nach hinten klappen und festkleben
- Karten laminieren

Herd

	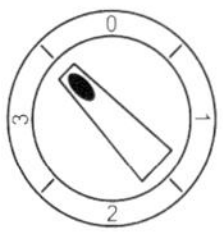	**Soße warm halten?** 1. Befestige die Klammer bei der zutreffenden Garmachungsart. 2. Kontrolliere auf der Rückseite.	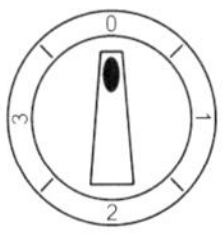	
	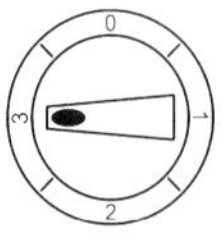		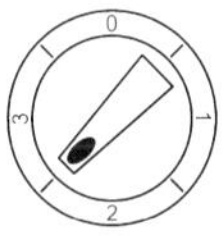	
✓	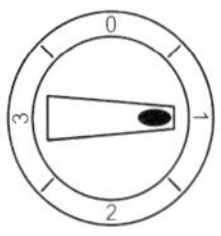		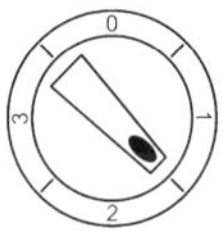	✓

Herd

wärmen	**Mittlere Hitze?** 1. Befestige die Klammer bei der zutreffenden Garmachungsart. 2. Kontrolliere auf der Rückseite.			backen
warm-halten				braten
quellen	dünsten	kochen	dämpfen	ankochen
	✓	✓	✓	

Herd

✓	wärmen	**Schwache Hitze?** 1. Befestige die Klammer bei der zutreffenden Garmachungsart. 2. Kontrolliere auf der Rückseite.			backen
✓	warm-halten				braten
✓	quellen	dünsten	kochen	dämpfen	ankochen

Herd

wärmen	**Starke Hitze?** 1. Befestige die Klammer bei der zutreffenden Garmachungsart. 2. Kontrolliere auf der Rückseite.			backen	✓
warm-halten				braten	✓
quellen	dünsten	kochen	dämpfen	ankochen	✓

Herd

Suppe gar kochen?

1. Befestige die Klammer beim richtigen Schalter.
2. Kontrolliere auf der Rückseite.

schwache Hitze

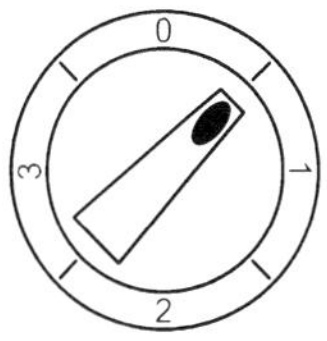

mittlere Hitze ✓

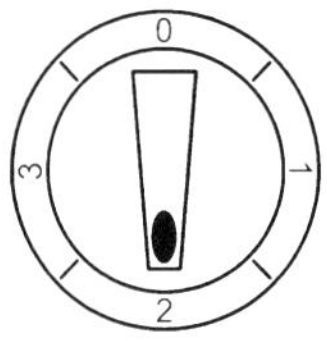

starke Hitze

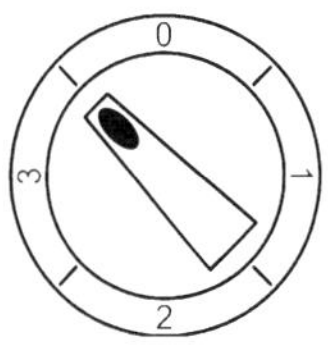

Herd

Pfannkuchen ausbacken?

1. Befestige die Klammer beim richtigen Schalter.
2. Kontrolliere auf der Rückseite.

schwache Hitze

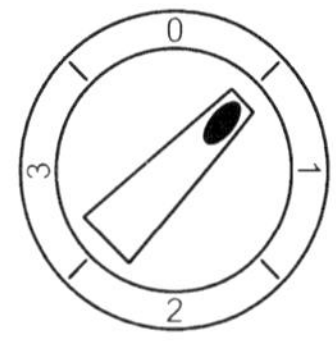

mittlere Hitze

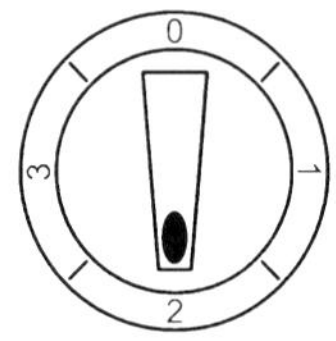

starke Hitze ✓

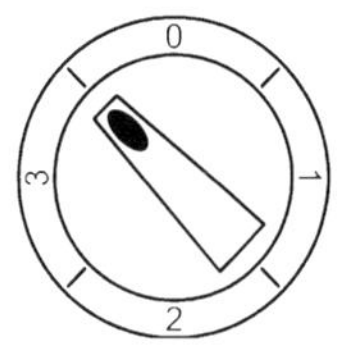

Herd

Wasser schnell erhitzen?

1. Befestige die Klammer beim richtigen Schalter.
2. Kontrolliere auf der Rückseite.

schwache Hitze

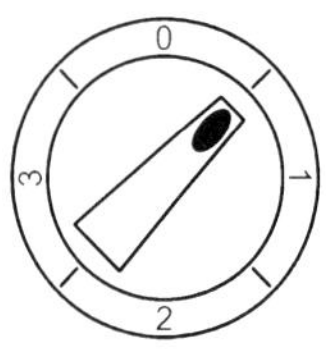

mittlere Hitze

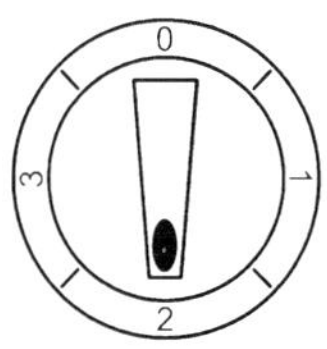

starke Hitze ✓

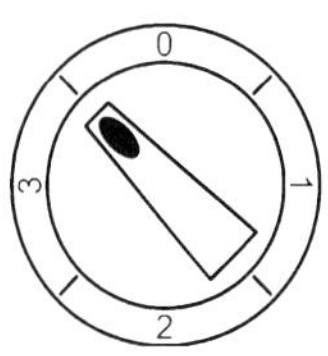

Herd

Gemüse dünsten?

1. Befestige die Klammer beim richtigen Schalter.
2. Kontrolliere auf der Rückseite.

schwache Hitze

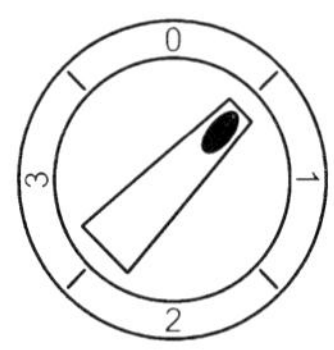

mittlere Hitze ✓

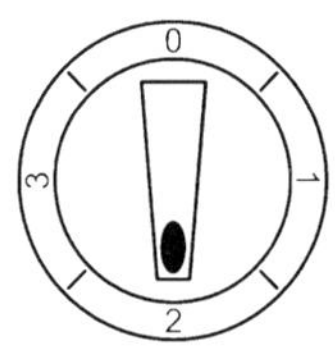

starke Hitze

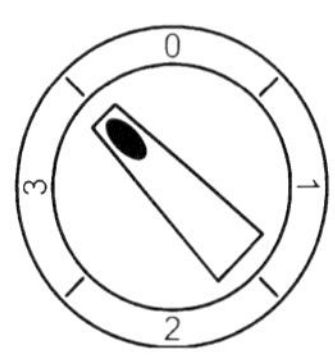

Stufenschalter: Skala 0 bis 9

Methodische Hinweise für die Verwendung der Schalterbilder

- Schalter vergrößern und laminieren
- Memo-Spiel: Schalter mehrmals kopieren und lamieren
- Verwendung bei der Tafelanschrift

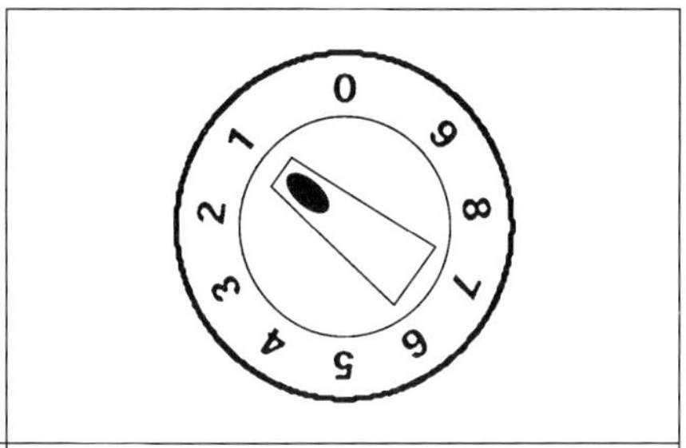

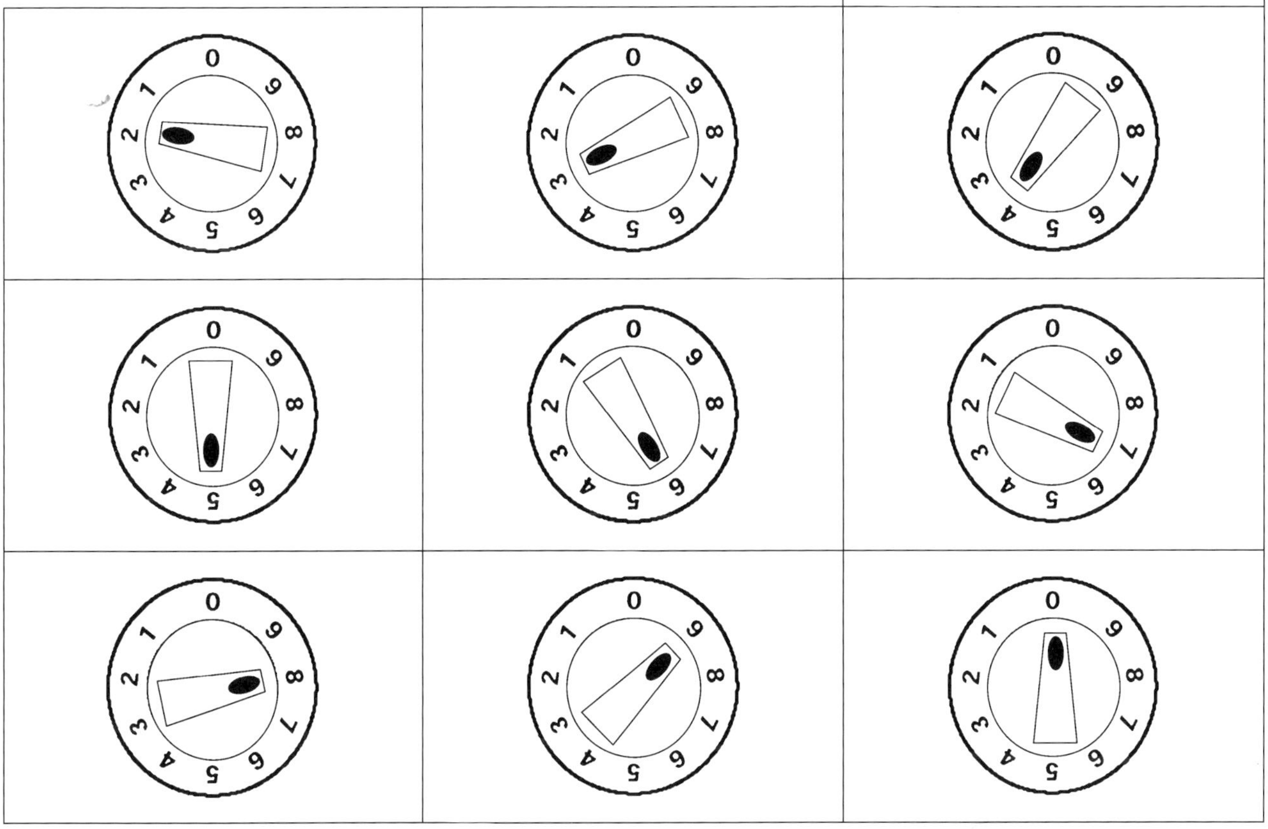

Stufenschalter: Skala 0 bis 3

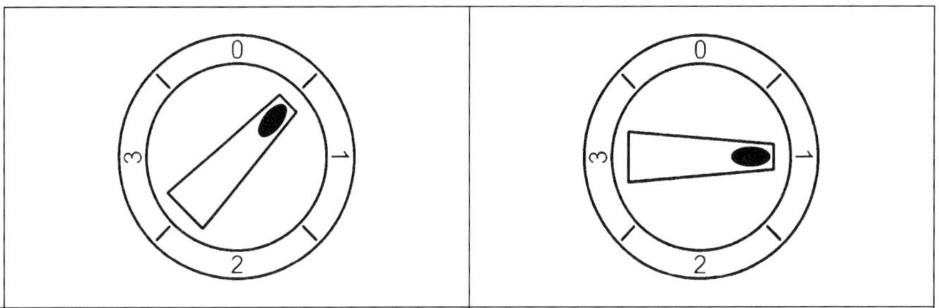

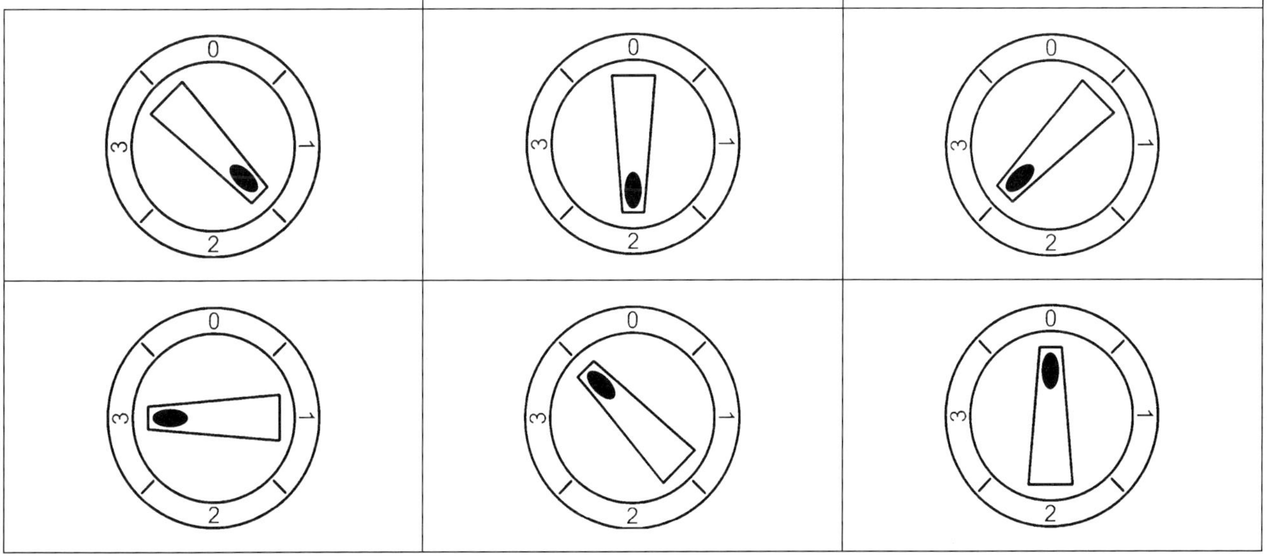

Name:	Klasse:	Datum:	Fach:	Nr.:

Der Herd

Schalterbedienung

Schalter können unterschiedlich sein:
z. B.:

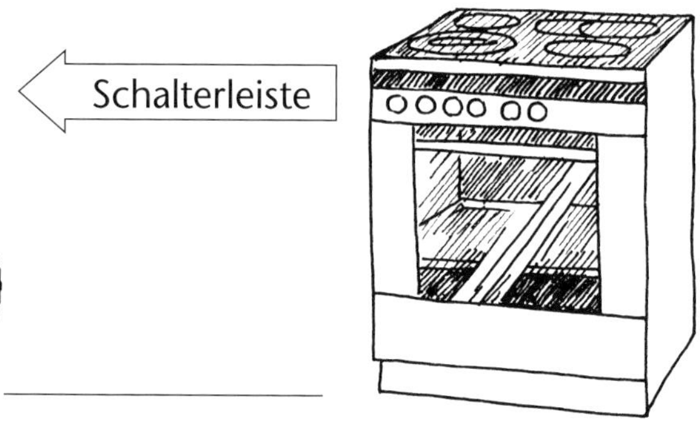

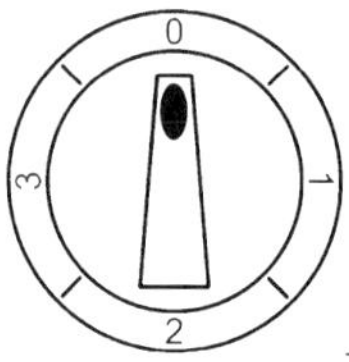

____

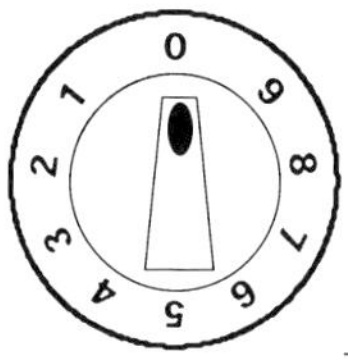

____

Ordne die Schalter den richtigen Heizringen zu.

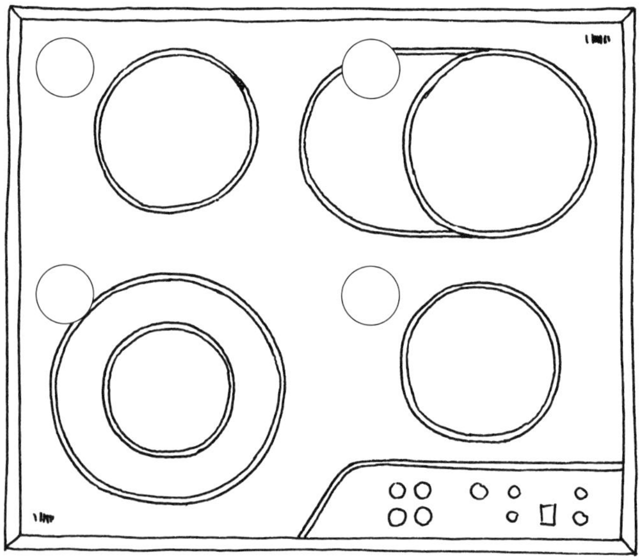

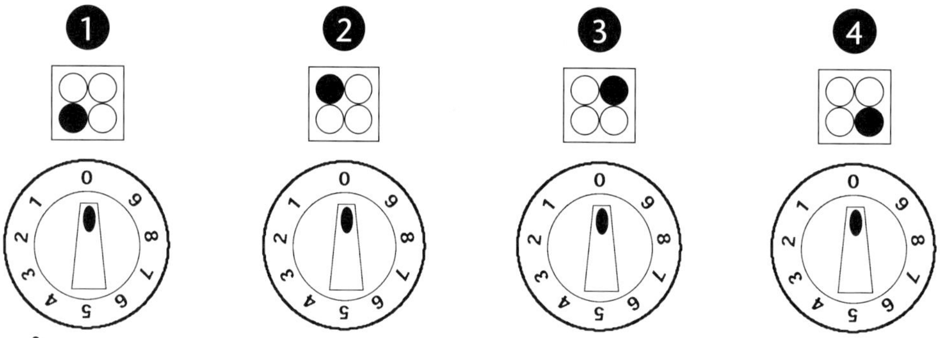

Merke:

____

____

____

Lösung: Seite 147

Name:	Klasse:	Datum:	Fach:	Nr.:

Bedeutung der einzelnen Schalterstufen

Trage im äußeren Feld ein:

starke Hitze | mittlere Hitze | schwache Hitze

Trage in den Kästchen die fehlenden Garmachungsarten ein:

dünsten | braten | warm halten

Trage in den ◯ Feldern die zutreffenden Schalternummern ein.

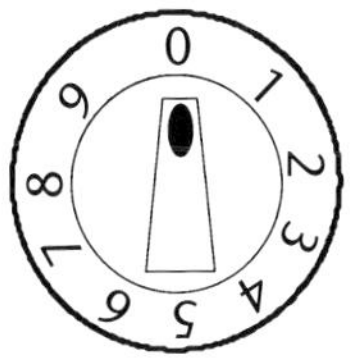

oder

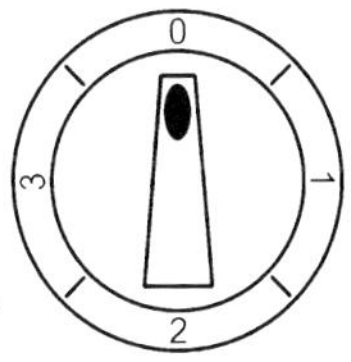

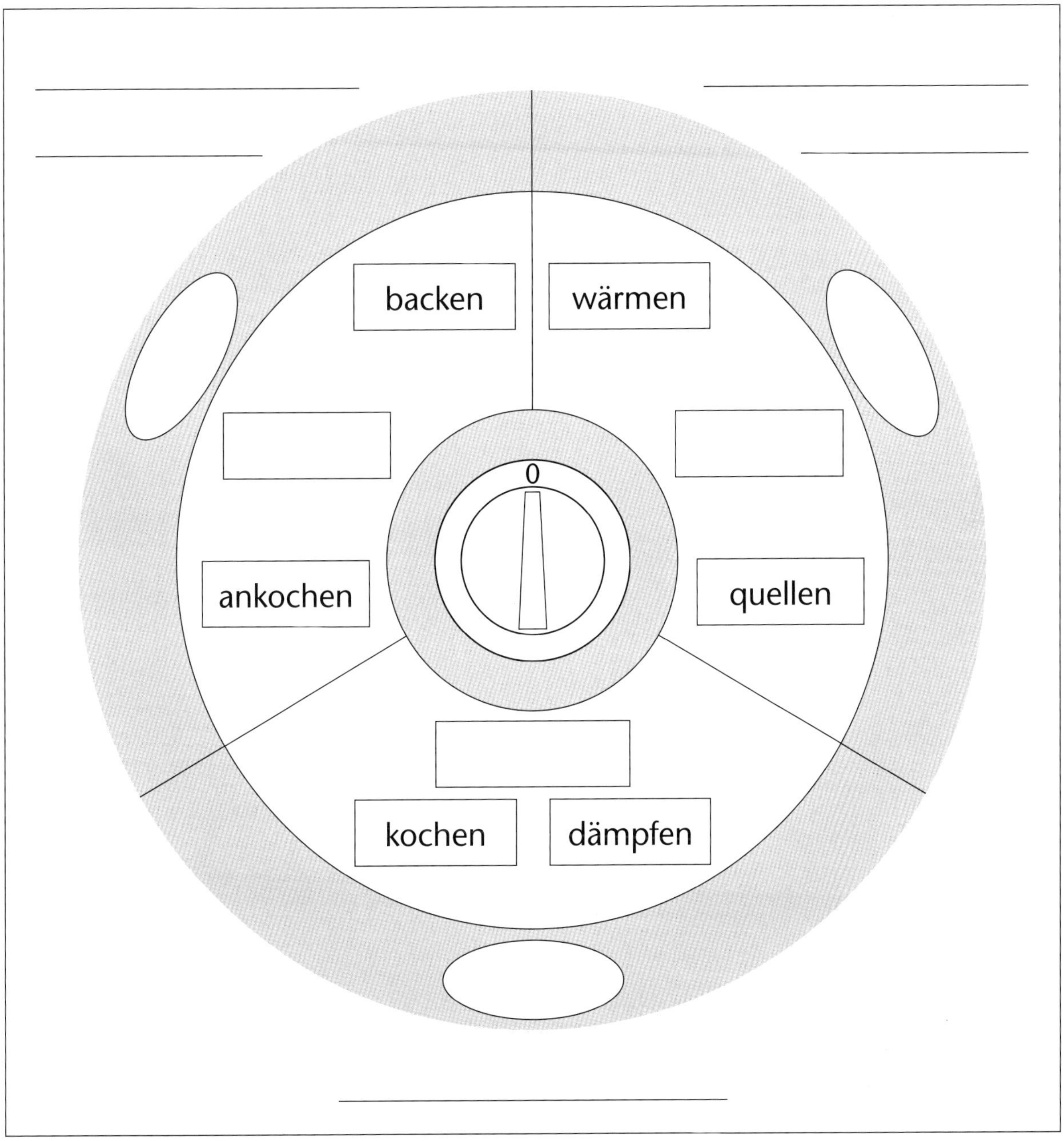

Name:	Klasse:	Datum:	Fach:	Nr.:

Wir kochen Nudeln

Trage die sinnvolle Hitzezufuhr (mithilfe der Buchstaben) in die Kästchen ein.

S = schwache Hitze M = mittlere Hitze ST = starke Hitze

Spaghetti mit Tomatensoße

Menge	Zutaten	Zubereitung
250 g	Spaghetti	1. Nudeln kochen • Wasser zum Kochen bringen • Nudeln, Salz und Öl zugeben • Nudeln al dente (= bissfest) kochen • Nudeln abseihen und abschrecken
1	Zwiebel	2. Zwiebel würfeln
2 EL	Öl	3. Öl erhitzen
		4. Zwiebel andünsten
1 D. 1/8 l	Tomatenpüree Brühe	5. Tomatenpüree zugeben, Brühe aufgießen
etwas	Salz Pfeffer Basilikum Oregano	6. Soße 10 Min köcheln lassen 7. Gewürze zugeben, abschmecken 8. Soße und Nudeln anrichten

Durch überlegtes Arbeiten können wir Energie sparen!

➔ Verbinde zu einem Satz.

Topfgröße ist gleich	denn bei reduzierter Hitze wird weniger Strom verbraucht.
Wenn möglich mit	der Herdplattengröße, damit keine Wärme verloren geht.
Rechtzeitig zurückschalten,	Deckel garen (außer Nudeln, Milch).
Verwende ebene Töpfe,	da so die Wärme besser geleitet werden kann.

Lösung: Seite 147

Name:	Klasse:	Datum:	Fach:	Nr.:

Wir üben den Umgang mit dem Herd

Nudeln mit Pesto

Menge	Zutaten	Zubereitung
3 EL 2	Pinienkerne Knoblauch- zehen	1. Pinienkerne in einer Pfanne goldbraun anrösten 2. Knoblauchzehen grob schneiden
1 Bd.	Basilikum	3. Blätter des Basilikums abzupfen 4. Pinienkerne, Knoblauchzehe und Basilikum mit dem Pürierstab pürieren
50 g 1/2 l 1/4 TL	Parmesan (ger.) Öl Salz	5. Parmesan, Öl und Salz zugeben und zu einer cremigen Masse verrühren
400 g	Nudeln	6. Nudeln al dente kochen 7. Pesto mit den Nudeln vermengen 8. Nudeln anrichten

Das ABC des Nudelkochens

Verbinde die Arbeitsschritte mit der richtigen Hitze.

① 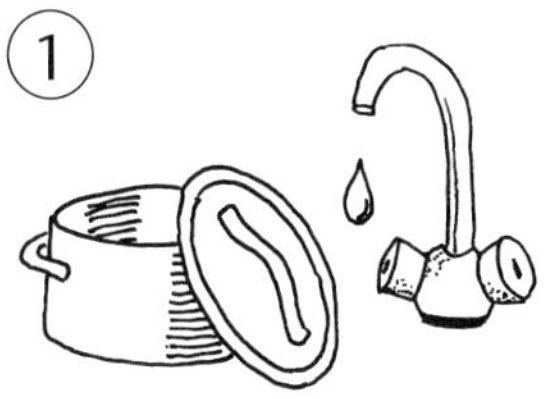

- Topf halb voll mit warmem Wasser füllen
- Wasser zum Kochen bringen

② 

- Wenn das Wasser kocht, Nudeln, 1 TL Salz und 1 EL Öl zugeben

③ 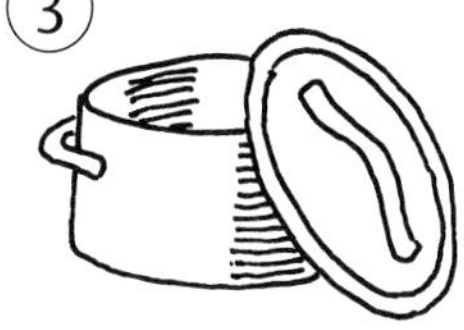

- Nudeln al dente (= bissfest) kochen

④ 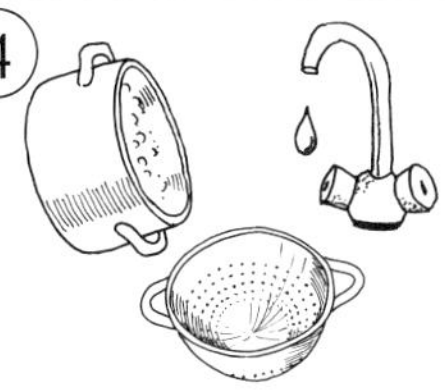

- Nudeln abgießen
- mit kaltem Wasser abschrecken

starke Hitze

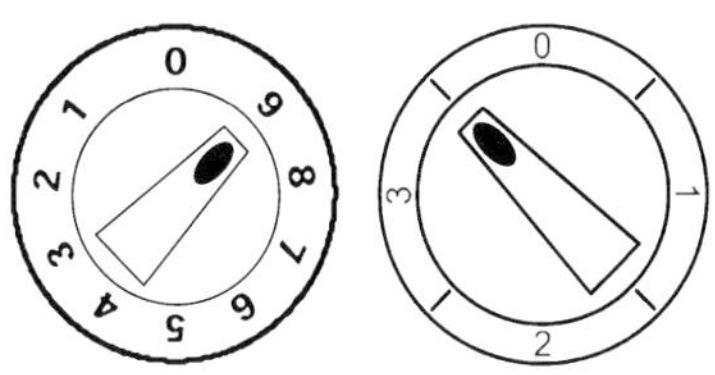

schwache Hitze

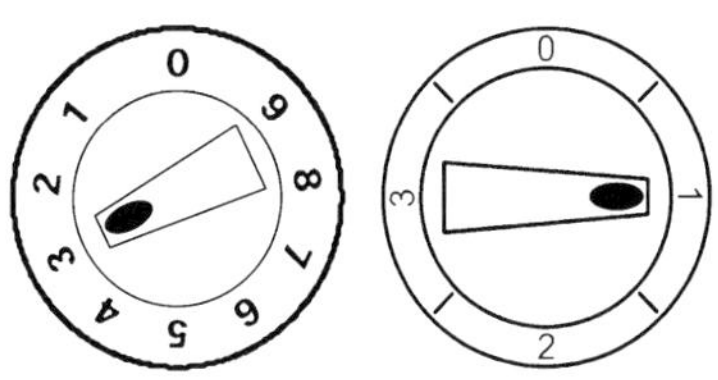

ausschalten

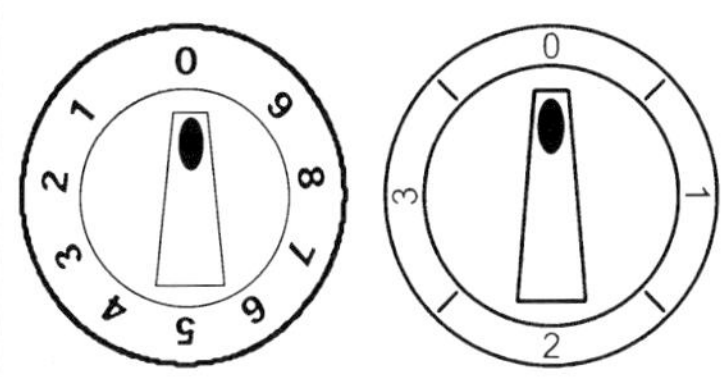

Gruppenarbeit: Funktionen des Backrohrs

Methodische Hinweise:
- Aufgaben für die Gruppenarbeit kopieren, evtl. laminieren
- Steckbriefe kopieren. Sie können evtl. vergrößert auch als Plakat in der Küche aufgehängt werden.
- Bei leistungssschwachen Gruppen kann man sich auf weniger Funktionen beschränken.

Aufgabe: Lies den Text und versuche, den Steckbrief auszufüllen.

Ober- und Unterhitze

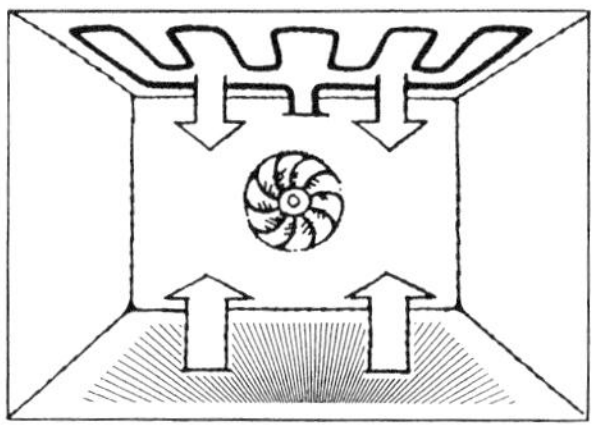

Bei dieser Funktion wird der Backrohrinnenraum durch **Wärmestrahlung** von **oben und unten** erhitzt.

Der Backofen muss vorgeheizt werden.
Es darf nur ein Blech eingeschoben werden.

Das Symbol für diese Funktion ist .

Aufgabe: Lies den Text und versuche, den Steckbrief auszufüllen.

Heißluft-Umluft

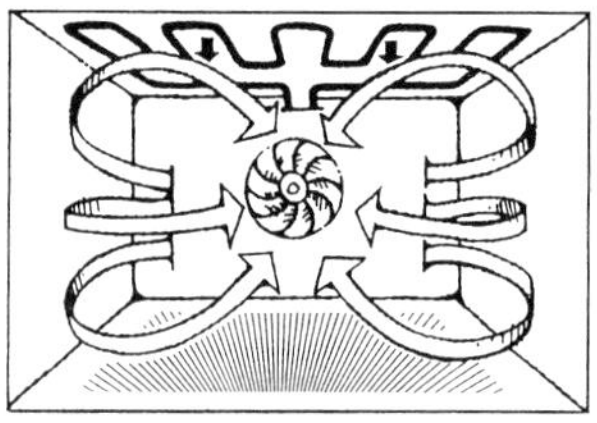

Die heiße Luft wird durch einen **Ventilator** im gesamten Backrohr verteilt.

Der Backofen muss nicht vorgeheizt werden.
Es dürfen mehrere Bleche eingeschoben werden.

Das Symbol für diese Funktion ist .

Aufgabe: Lies den Text und versuche, den Steckbrief auszufüllen.

Grillen

Die Grillheizkörper werden erhitzt und geben dabei die Hitze ab.

Der Backofen muss vorgeheizt werden.
Es darf nur ein Blech eingeschoben werden.

Das Symbol für diese Funktion ist .

Steckbrief

Ergänze die Funktion:

✗ Vorheizen nötig?

☐ ja ☐ nein

✗ Anzahl der Bleche:

☐ 1 ☐ 2–4

Steckbrief

Ergänze die Funktion:

✗ Vorheizen nötig?

☐ ja ☐ nein

✗ Anzahl der Bleche:

☐ 1 ☐ 2–4

Steckbrief

Ergänze die Funktion:

✗ Vorheizen nötig?

☐ ja ☐ nein

✗ Anzahl der Bleche:

☐ 1 ☐ 2–4

Klammerkarten: Backrohr

Methodische Hinweise:

- Klammerkarten evtl. vergrößert kopieren, Lösungsstreifen nach hinten klappen und kleben
- Karten laminieren

Backrohr

	Licht	**Funktions-schalter** 	Tem-peratur
✓	Heißluft	Welche Funktion hat dieses Symbol?	Braten
	Grillen	Ober- und Unterhitze	Backen

Backrohr

	Licht	**Funktions-schalter** 	Tem-peratur
	Heißluft	Welche Funktion hat dieses Symbol?	Braten
✓	Grillen	Ober- und Unterhitze	Backen

Backrohr

Licht	**Funktions-schalter** 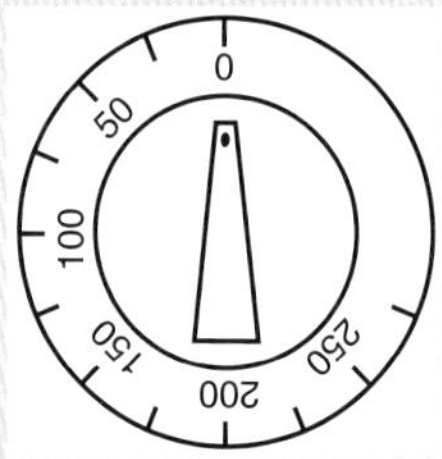	Tem-peratur	✓
Heißluft	Was stellst du mit diesem Schalter ein?	Braten	
Grillen	Ober- und Unterhitze	Backen	

Backrohr

Licht	**Funktions-schalter** 	Tem-peratur
Heißluft	Welche Funktion hat dieses Symbol?	Braten
Grillen	Ober- und Unterhitze	Backen
	✓	

Quartett „Funktionen des Backrohres“

Methodische Hinweise:

- Quartettkarten evtl. vergrößert auf Tonpapier kopieren und laminieren
- Einsetzbar in Sicherungsphasen und in der Freiarbeit
- Spielregeln: Alle Karten auf 3–6 Spieler verteilen. Ziel des Spiels ist es, vier Karten eines Quartettes zu sammeln. Hat ein Spieler ein vollständiges Quartett, so legt er es offen auf den Tisch. Sieger ist der Spieler mit den meisten Quartetten.

Heißluft/Umluft

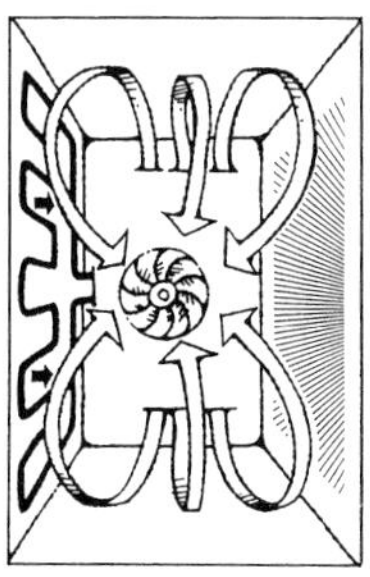

- → mehrere Bleche
- kein Vorheizen
- Wärmeverteilung durch einen Ventilator

Heißluft/Umluft

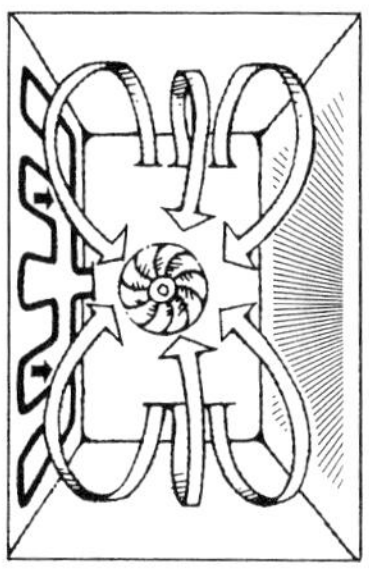

- mehrere Bleche
- → kein Vorheizen
- Wärmeverteilung durch einen Ventilator

Heißluft/Umluft

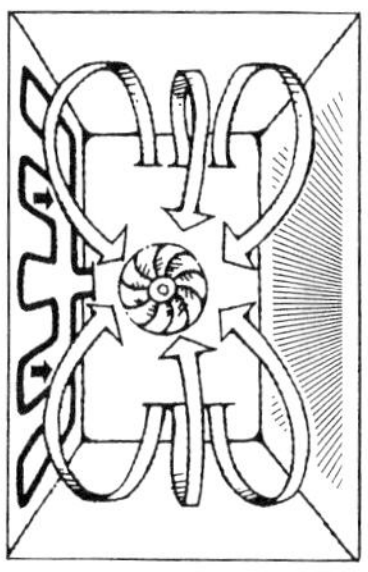

- mehrere Bleche
- kein Vorheizen
- → Wärmeverteilung durch einen Ventilator

Heißluft/Umluft

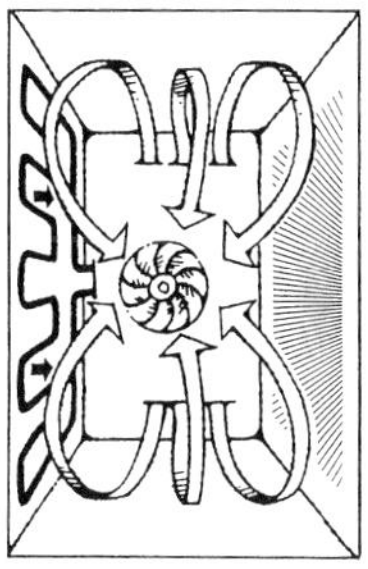

- mehrere Bleche
- kein Vorheizen
- Wärmeverteilung durch einen Ventilator

→

Ober- und Unterhitze

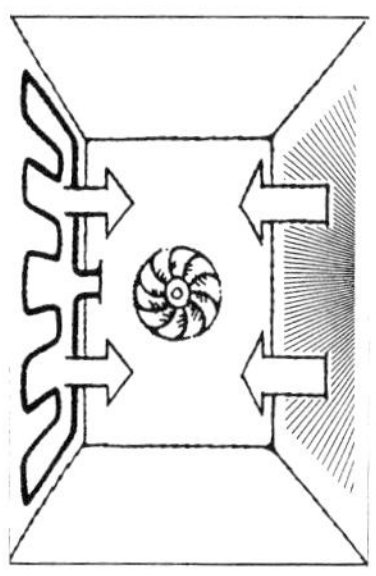

- → ein Blech
- Vorheizen nötig
- Wärmestrahlung von oben und unten

Ober- und Unterhitze

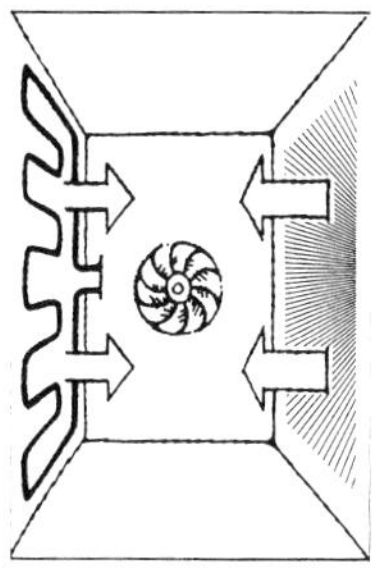

- ein Blech
- → Vorheizen nötig
- Wärmestrahlung von oben und unten

Ober- und Unterhitze

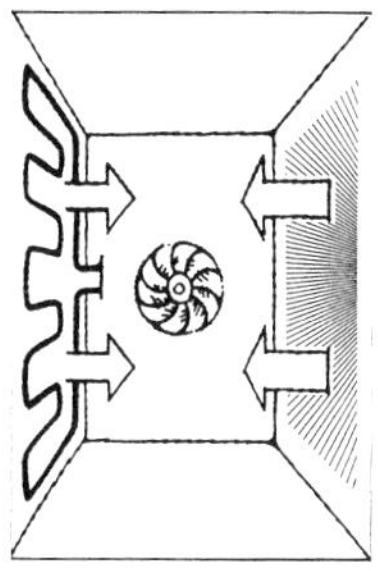

- ein Blech
- Vorheizen nötig
- → Wärmestrahlung von oben und unten

Ober- und Unterhitze

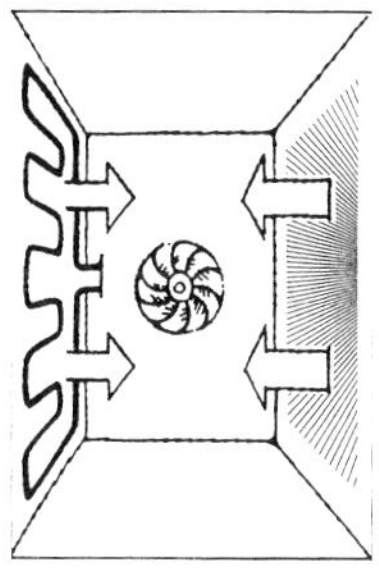

- ein Blech
- Vorheizen nötig
- Wärmestrahlung von oben und unten

→

Grillen

→ ein Blech

- Vorheizen nötig
- Abgabe der Wärme durch Grillheizkörper

Grillen

- ein Blech

→ Vorheizen nötig

- Abgabe der Wärme durch Grillheizkörper

Grillen

- ein Blech
- Vorheizen nötig

→ Abgabe der Wärme durch Grillheizkörper

Grillen

- ein Blech
- kein Vorheizen
- Abgabe der Wärme durch Grillheizkörper

→ 

Joker

Joker

Joker

Joker

Name:	Klasse:	Datum:	Fach:	Nr.:

Die Schalter des Backrohrs

Trage die Namen und Aufgaben ein:

Temperatur | Funktion | Funktionsschalter | Temperaturschalter

		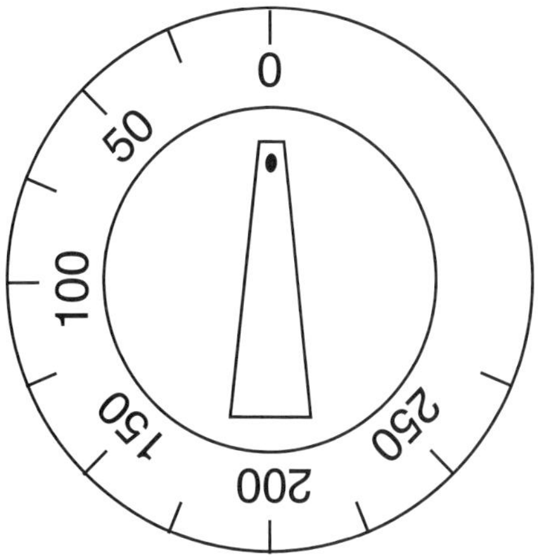
______________________ ______________________	**Name**	______________________ ______________________
Mit diesem Schalter kann man die gewünschte ______________________ einstellen.	**Aufgabe**	Mit diesem Schalter kann man die gewünschte ______________________ einstellen.

Name:	Klasse:	Datum:	Fach:	Nr.:

Funktionen des Backrohrs

Trage fehlende Begriffe ein.

Ober- und Unterhitze | oben | unten | Heißluft/Umluft | Ventilator | 2–3 | 1

______________		______________
		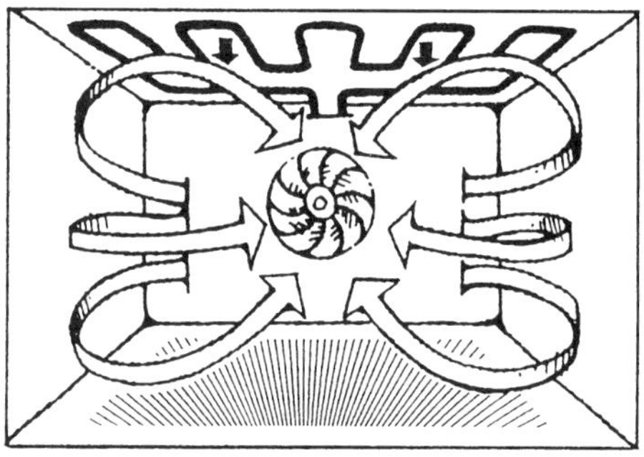
	**Symbol**	
Der Backrohrinnenraum wird durch Wärmestrahlung von ______________ und ______________ erhitzt.		Die heiße Luft wird durch einen ______________ im gesamten Backrohr verteilt.
➔ Es darf nur ______________ Blech eingeschoben werden.	**Besonder-heiten**	➔ Es dürfen ______________ Bleche eingeschoben werden.

Name:	Klasse:	Datum:	Fach:	Nr.:

Wir backen Pizzabrötchen

X Kreuze Richtiges an.

a	Das Symbol für Heißluft ist: 
b	Bei der Funktion Ober- und Unterhitze muss man vorheizen.
c	Bei Heißluft dürfen mehrere Bleche eingeschoben werden.
d	Das Backrohr wird immer im kalten Zustand gereinigt.
e	Bei der Funktion Heißluft wird die Luft durch Wärmestrahlung erhitzt.
f	Mit dem Temperaturschalter kann man die gewünschte Temperatur wählen.
g	Das Gargut wird immer mit Topflappen entnommen.
h	Das Symbol für Heißluft ist: 
i	Die vorgegebene Garzeit ist immer ein Richtwert (Circa-Angabe).
j	Bei Unter- und Oberhitze dürfen mehrere Bleche eingeschoben werden.

Pizzabrötchen

Menge	Zutaten	Zubereitung
3 Sch. 3 Sch. 2 Sch. 1 1/2	Salami Schinken Käse Tomate Paprika	1. Salami, Schinken, Käse, Tomate und Paprika würfeln  
1/2 B. 1 TL 1 Pr. 1 Pr.	Sauerrahm Pizzagewürz Salz Pfeffer	2. Sauerrahm und Gewürze zugeben und verrühren
		3. Backblech mit Backpapier vorbereiten
	Brötchen	4. Brötchen aufschneiden
		5. Pizzamasse auf den Brötchen verteilen
		6. Pizzabrötchen ca. 10 Min. bei 180 °C überbacken 

Vorsicht Verbrennungsgefahr!

____

____

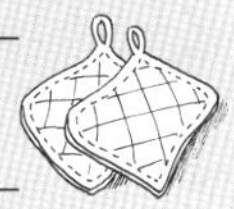

? Begründe, warum du bei mehreren Blechen die Funktion Heißluft wählst.

____

____

____

Lösung: richtig ist b, c, d, f, g, h, i

8 Garmachungsarten

Lehrplanbezug:

Mittelschule, 7.–10. Jahrgangsstufe

Hauswirtschaftlich-sozialer Bereich

7.2.1 Empfehlungen im Hinblick auf eine gesunde Lebensweise
7.3.1 Lebensmittel vergleichen
7.3.2 Lebensmittel verarbeiten
7.4 Technische Hilfen im Haushalt
7.4.1 Sachgerechter Einsatz von Geräten
7.4.2 Unfallverhütung beim Einsatz technischer Geräte im Haushalt

Arbeit – Wirtschaft – Technik

- Arbeit und Technik im privaten Haushalt

Förderschule, Förderschwerpunkt Lernen

Hauswirtschaft, 5./6. Jahrgangsstufe

3. Die Küche als Arbeitsplatz kennen lernen
12 Den Herd kennen lernen
12.1 Die Backröhre bedienen
22 Garmachungsart Backen kennen lernen
24 Garmachungsart Kochen kennen lernen
26 Garmachungsart Dünsten kennen lernen
27 Garmachungsart Braten in der Pfanne kennen lernen

Berufs- und Lebensorientierung – Hauswirtschaftlich-soziale Praxis

- Den berufsfeldorientierten und lebenspraktischen Bereich Hauswirtschaft-Ernährung kennen lernen

2.3 Tätigkeiten im Berufsfeld HW/ER ausführen

Medien und methodische Einsatzmöglichkeiten:

- Zuordnungsspiel „Garmachungsarten“
- Arbeitsblätter:
  - Garmachungsart: Kochen
  - Wir üben das Kochen
  - Garmachungsart: Dünsten
  - Wir üben das Dünsten
  - Garmachungsart: Braten in der Pfanne
  - Wir üben das Braten in der Pfanne
  - Garmachungsart: Backen
  - Wir üben das Backen

Kompetenzen:

- Den Herd und das Backrohr als unersetzliches Gerät in der Küche kennen und zum Zubereiten von warmen Speisen fachgerecht einsetzen
- Garmachungsarten kennen und bei der Zubereitung von warmen Speisen fachgerecht anwenden
- Garmachungsarten und Speisen aufgrund von ernährungsphysiologischen Kriterien beurteilen und bei der eigenen Ernährung bewusst einplanen.

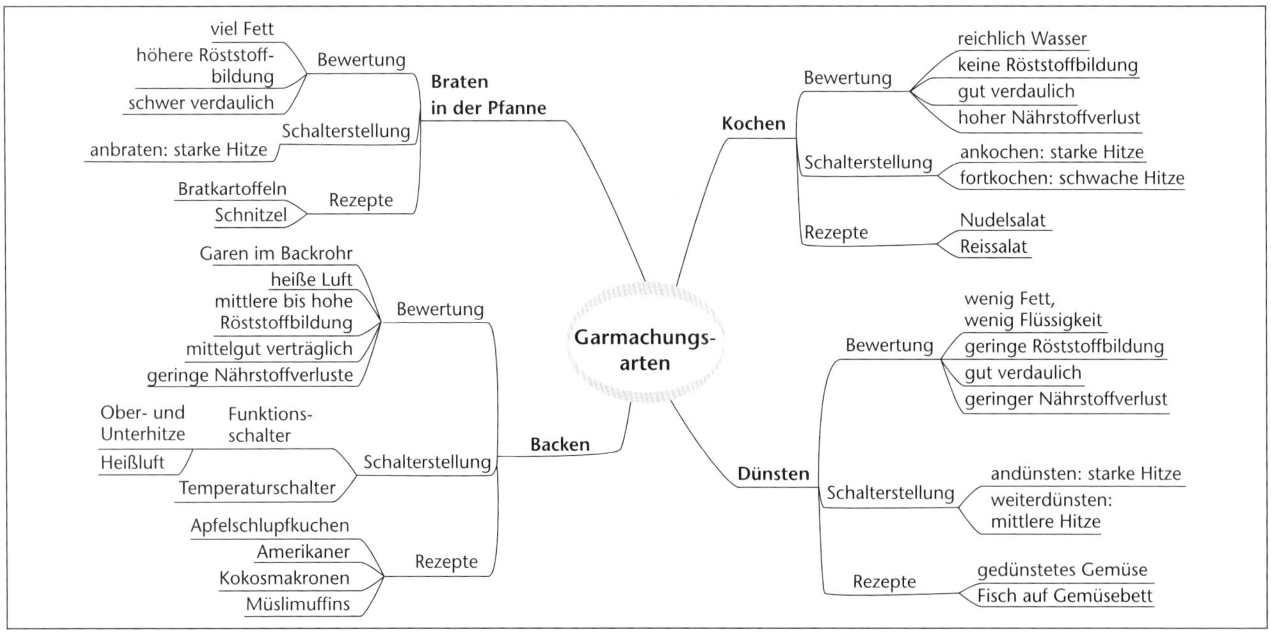

Zuordnungsspiel: Garmachungsarten

Unterrichtspraktische Hinweise:

- Legefeld und Legesteine auf DIN A3 vergrößern, auf Tonpapier kopieren, evtl. laminieren.

Legesteine

	• reichlich Wasser • keine Röststoffbildung • gut verdaulich	➔ großer Nährstoffverlust	Nudelsalat Knödel Pudding
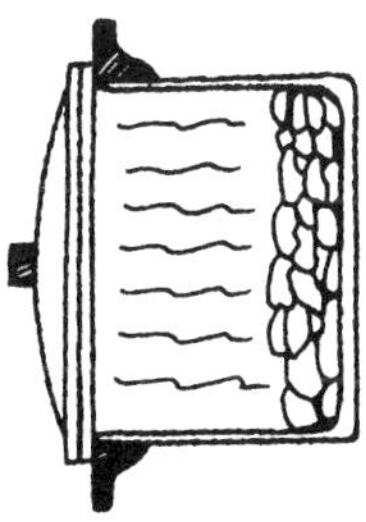	• wenig Fett, wenig Flüssigkeit • geringe Röststoffbildung • gut verdaulich	➔ geringer Nährstoffverlust	Karotten Fisch Kohlrabi
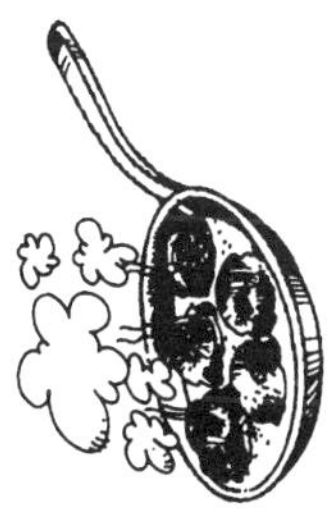	• viel Fett (z. B. Schmalz) • hohe Röststoffbildung • schwer verdaulich	➔ großer Nährstoffverlust	Bratkartoffeln Schnitzel Spiegelei
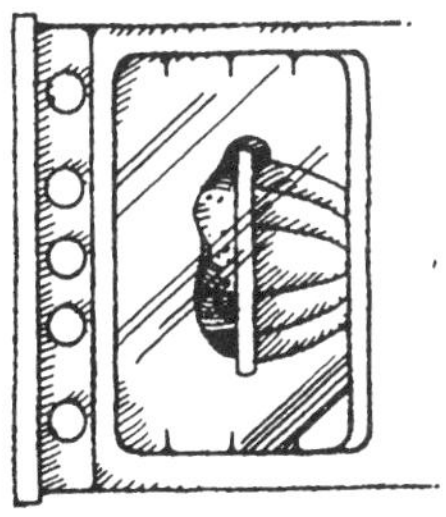	• garen im Backrohr • heiße Luft • mittlere bis hohe Röststoffbildung • mittelgut verträglich	➔ geringer Nährstoffverlust	Kuchen Pizza

Legefeld

Unterrichtspraktische Hinweise:

- Legefeld und Legesteine auf DIN A3 vergrößern, auf Tonpapier kopieren, evtl. laminieren

Symbol	Gar-machungsart	Beschreibung	Nährstoffe	Rezepte
	kochen			
	dünsten			
	braten			
	backen			

Name:	Klasse:	Datum:	Fach:	Nr.:

Garmachungsart: Kochen

Ordne folgende Wörter zu.

Röststoffbildung | reichlich | hoher | gut

- ______________________ Wasser
- keine ______________________
- ______________________ verdaulich
- → ______________________ Nährstoffverlust

Nudelsalat

Menge	Zutaten	Zubereitung
2 Liter 1 Pr. 125–150 g	Wasser Salz Nudeln	1. Wasser auf höchster Stufe zum Kochen bringen 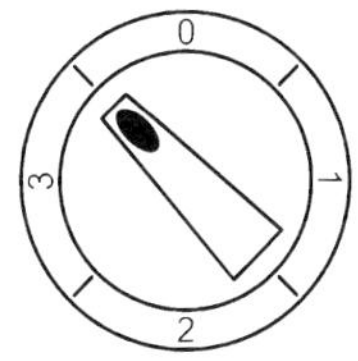 **Energiespartipp:** Deckel schließen 2. Salz und Nudeln zugeben. Auf schwache Hitze zurückschalten. Die Garzeit richtet sich nach der Packungsangabe der Nudeln. 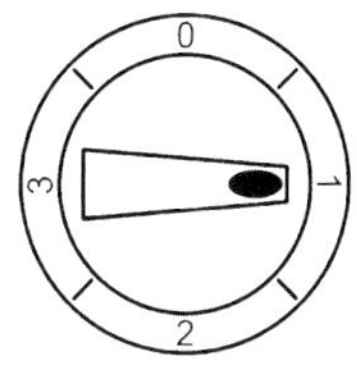
1 kleine 50 g 50 g 1/2 1/2 3	Zwiebel Salami Hartkäse rote Paprika gelbe Paprika Essiggurken	**Tipp:** Ohne Deckel garen!  3. Nudeln abseihen, mit kaltem Wasser abschrecken und in große Schüssel füllen. 4. Alle Zutaten in feine Würfel schneiden und unter die Nudeln mischen
 4 EL 1 Pr. 1 EL	<u>Marinade:</u> Essiggurkenwasser Salz, Pfeffer Öl <u>oder</u> Sahne	 5. Marinade über den Salat geben und mit Salatbesteck mischen 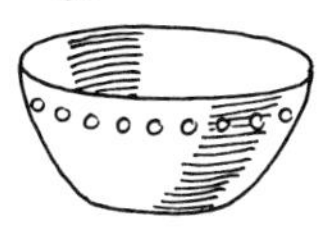 6. Abschmecken und servieren

Name:	Klasse:	Datum:	Fach:	Nr.:

Wir üben das Kochen

Bunter Reissalat		
Menge	**Zutaten**	**Zubereitung**
150 g Prise	Reis Salz	1. Wasser erhitzen 2. Reis in Salzwasser körnig-weich kochen **Garzeit:** 20 Minuten 3. Reis abseihen, kalt abbrausen
Marinade: 4 EL 1 Pr. 1 EL 1/2 B.	 Essig Salz, Pfeffer Zucker Senf Sahne	4. Marinade vermischen und über den Reis geben, ziehen lassen
2 100 g 2 150 g 1 5 EL	Eier Schinken Tomaten Champignons Paprika Öl	5. Eier hart kochen, **Garzeit:** 10 Minuten 6. Eier abschrecken, schälen, in Scheiben schneiden 7. Schinken in Würfel schneiden 8. Tomaten in Achtel schneiden 9. Champignons in dünne Scheiben schneiden 10. Paprika waschen, putzen, in Würfel schneiden 11. Alle Zutaten unter den Reis mischen, ziehen lassen 12. Öl untermischen, servieren

➔ Ordne die Schalteinstellungen den Arbeitsschritten zu:

starke Hitze

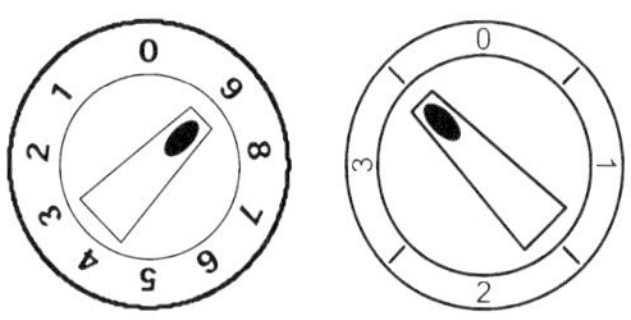

schwache Hitze

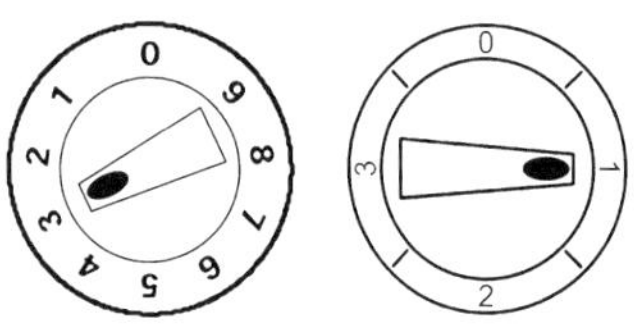

Wasser erhitzen

Eier kochen

Reis kochen

Name:	Klasse:	Datum:	Fach:	Nr.:

Garmachungsart: Dünsten

Ordne folgende Wörter zu.

geringe | gut | geringer | wenig

- ______________________ Fett, wenig Flüssigkeit
- ______________________ Röststoffbildung
- ______________________ verdaulich
- → ______________________ Nährstoffverlust

Ratatouille

Menge	Zutaten	Zubereitung
2	Auberginen	1. Auberginen entstielen, in halbe Scheiben schneiden, mit Salz einreiben
4	Tomaten	2. Tomaten vierteln
2	Zucchini	3. Zucchini waschen in Scheiben schneiden
1	Zwiebel	4. Zwiebel schälen, in Scheiben schneiden
1	Paprika rot	5. Paprika waschen, in Streifen schneiden
1	Knoblauchzehe	6. Knoblauch schälen, pressen
30 g	Fett	7. Fett in einem flachen Topf bei starker Hitze erwärmen 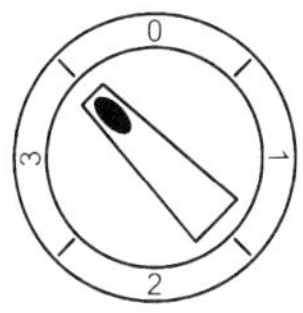
1 Pr.	Salz, Pfeffer Oregano	8. Gemüse zugeben **(ohne Bräunung!)** und würzen
1/2 Liter	Brühe	9. Brühe aufgießen, zurückschalten 10. Deckel schließen 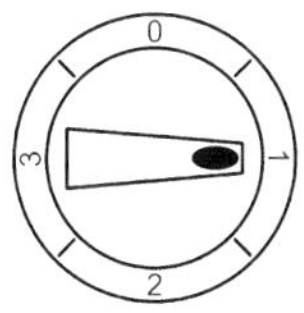 **Garzeit:** 25 Minuten
etwas	Petersilie	11. Petersilie waschen, wiegen und zu dem Gemüse geben 12. Anrichten und servieren

Name:	Klasse:	Datum:	Fach:	Nr.:

Wir üben das Dünsten

Fisch auf Gemüsebett

Menge	Zutaten	Zubereitung
1 2 1/2 1 EL wenig	Zwiebel Karotten Lauch Fett Wasser	1. Zwiebel schälen, halbieren, waschen, in feine Würfel schneiden 2. Karotten schälen, in Scheiben schneiden 3. Lauch halbieren, putzen, waschen, in feine Ringe schneiden 4. Fett erhitzen, Gemüse andünsten 5. Etwas Wasser aufgießen
3–4 1 TL 2–3 EL 1 TL 1/2 Bd.	Fischfilet Zitronensaft Salz, Pfeffer Sahne gekörnte Brühe Petersilie	6. Fischfilet waschen, säuern und salzen 7. Fisch auf das Gemüsebett legen, Deckel schließen und auf mittlere Hitze zurückschalten **Garzeit:** 5–10 Minuten, bis der Fisch gar ist 8. Soße mit Sahne und Gewürzen abschmecken 9. Petersilie waschen, wiegen, über den Fisch streuen

➔ Ordne die Bilder den Arbeitsschritten zu:

starke Hitze

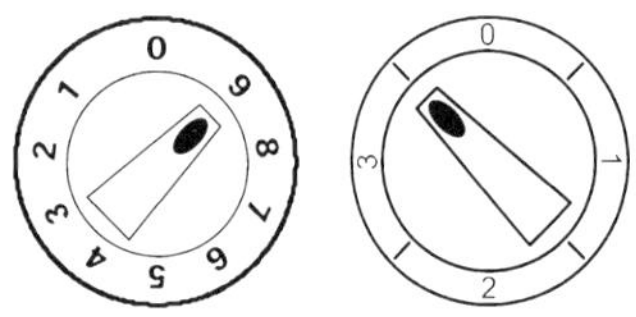

mittlere Hitze

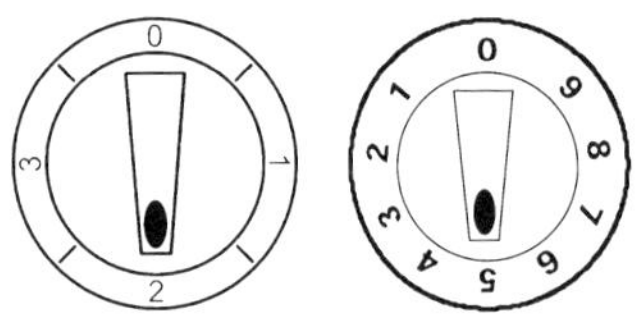

ohne Deckel

mit Deckel

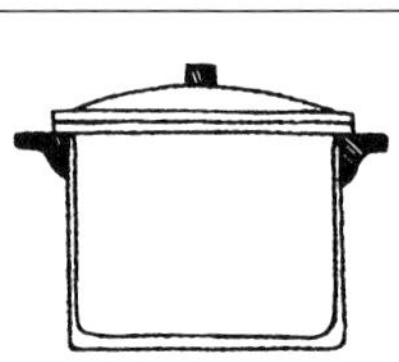

Fett erhitzen, Gemüse kurz andünsten

Fisch auflegen und 5–10 Min dünsten

Soße herstellen und abschmecken

Name:	Klasse:	Datum:	Fach:	Nr.:

Garmachungsart: Braten in der Pfanne

Ordne folgende Wörter zu.

großer | viel | hohe | schwer

- ______________________ Fett
- ______________________ Röststoffbildung
- ______________________ verdaulich
- → ______________________ Nährstoffverlust

Paprikaschnitzel

Menge	Zutaten	Zubereitung
3–4	Kalbs- oder Putenschnitzel	1. Schnitzel waschen, mit Papiertuch trocken tupfen, leicht klopfen
etwas	Paprikapulver	2. Schnitzel leicht mit Paprikapulver einreiben
40 g 2 EL	Schmalz oder Öl	3. Fett erhitzen, Schnitzel ca. 10 Minuten goldbraun braten 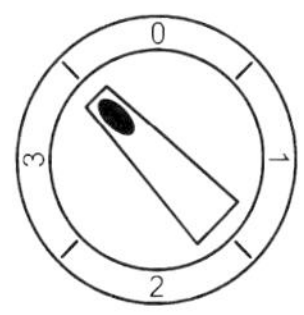
1 Pr.	Salz	4. Schnitzel leicht salzen und aus der Pfanne nehmen. Im Backofen heiß stellen (100°C)
1 1	Zwiebel rote Paprika	5. Zwiebel und Paprika in feine Würfel schneiden
		6. Im Bratenfett bei mittlerer Stufe goldgelb anbräunen
1/2 B. 3 EL	Sahne Brühe	7. Sahne und Brühe aufgießen 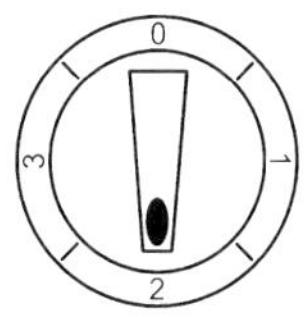
2 TL	Paprikapulver	8. Würzen und abschmecken
1 Pr.	Salz	9. Schnitzel anrichten, Soße darüber geben
		Beilagen: Reis, Salzkartoffeln, Baguette

Name:	Klasse:	Datum:	Fach:	Nr.:

Wir üben das Braten in der Pfanne

Bratkartoffeln (aus rohen Kartoffeln)		
Menge	**Zutaten**	**Zubereitung**
4–6	Kartoffeln	1. Kartoffeln waschen, schälen, in dicke Scheiben schneiden
1 EL	Fett	2. Fett in einer Pfanne erhitzen, Kartoffeln von allen Seiten braten 3. Deckel schließen, auf mittlere Hitze zurückschalten **Garzeit:** Kartoffeln 15–20 Minuten garen, bis sie fast ganz weich sind 4. Deckel abnehmen, offen braten, bis sie braun und knusprig sind **Garzeit:** 5–10 Minuten
	Salz, Kümmel	5. Bratkartoffeln salzen, abschmecken, sofort anrichten

➔ Ordne die Bilder den Arbeitsschritten zu:

starke Hitze

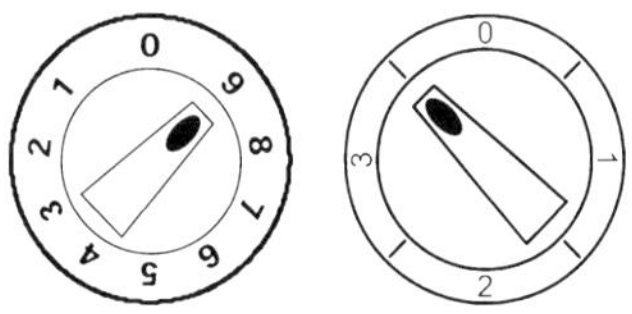

mittlere Hitze

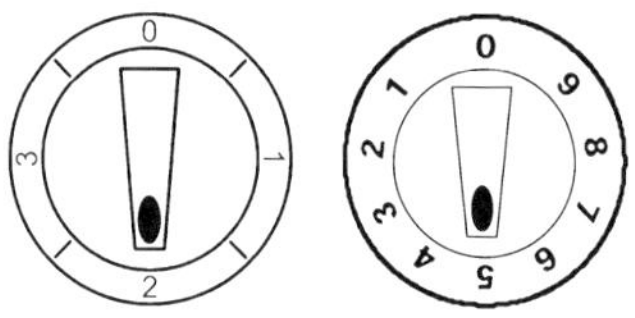

ohne Deckel

mit Deckel

Fett erhitzen, Kartoffeln anbraten

Kartoffeln 20 Minuten garen

Kartoffeln 10 Min braten, bis sie braun und knusprig sind

Name:	Klasse:	Datum:	Fach:	Nr.:

Garmachungsart: Backen

Ordne folgende Wörter zu.

geringer | mittelgut | mittlere bis hohe | heiße Luft

- ______________________ im Backrohr
- ______________________ Röststoffbildung
- ______________________ verdaulich
- → ______________________ Nährstoffverlust

Apfelschlupfkuchen

Menge	Zutaten	Zubereitung
	Butter Mehl	1. Form vorbereiten 2. Backofen vorheizen
150 g 150 g 3	Butter Zucker Eier	3. Schaummasse schlagen
200 g 1/2 TL	Mehl Backpulver	4. Mehl und Backpulver auf die Schaummasse sieben, kurz unterrühren
3–4	Äpfel	5. Äpfel schälen, entkernen, vierteln, an der Rundung einschneiden
etwas	Zitronensaft	6. Äpfel mit Zitronensaft beträufeln
		7. Teig in die Form füllen, glatt streichen 8. Äpfel dicht aneinander mit der Rundung nach oben auf den Teig legen **Backen** 200°C, 30–45 Min (vorheizen!) oder 180°C, 30–45 Min
etwas	Puderzucker	Kuchen mit Puderzucker besieben

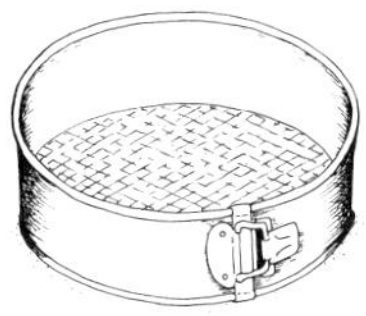

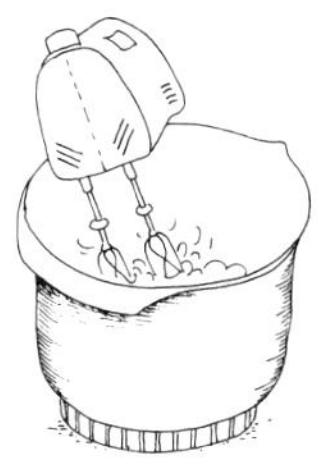

Name:	Klasse:	Datum:	Fach:	Nr.:

Wir üben das Backen

Kokosmakronen

Menge	Zutaten	Zubereitung
2 1 TL 150 g 1 P.	Eiweiß Zitronensaft Zucker Vanillezucker	1. Eiweiß mit Zitronensaft steif schlagen 2. Zucker langsam zugeben und Makronenmasse noch einige Minuten weiter schlagen
150 g	Kokosraspel	3. Kokosraspel unterheben
einige	runde Oblaten (40 mm Durchmesser)	4. Mit zwei Teelöffeln kleine Häufchen auf die Oblaten geben und auf ein Backblech setzen
		Garzeit: 20–30 Minuten bei 180°C Ober- und Unterhitze backen
		5. Kokosmakronen auf einem Kuchengitter auskühlen lassen

➔ Ordne die Bilder den Arbeitsschritten zu:

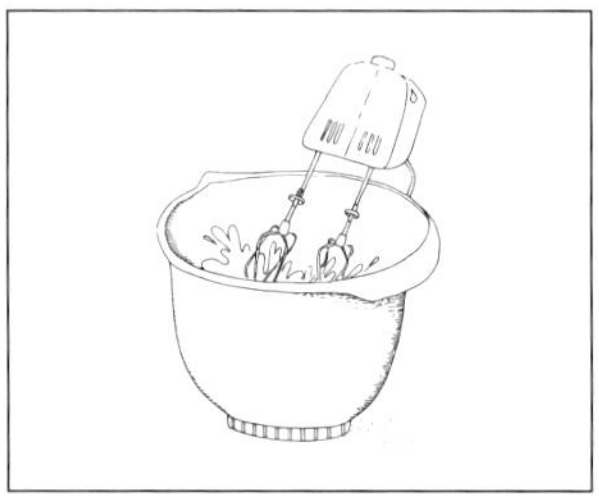

Kokosraspel unterheben

Ofen auf 180 Grad bei Ober- und Unterhitze vorheizen

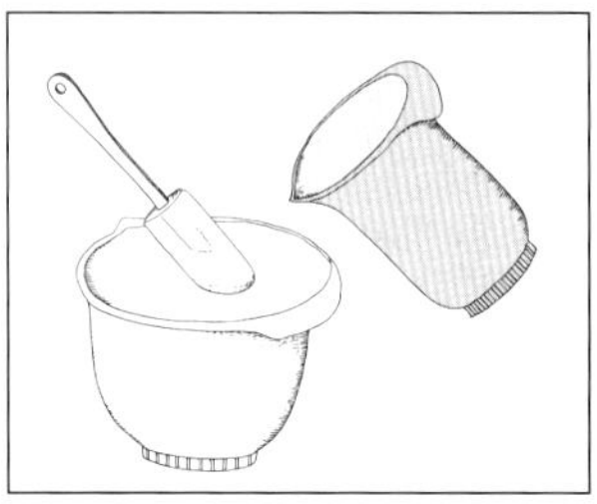

Eiweiß mit Zitronensaft steif schlagen

9 Gesunde Ernährung

Lehrplanbezug:

Grundschule, 3./4. Jahrgangsstufe
<u>Heimat- und Sachunterricht</u>
2.2.3 Ernährung
2.2.4 Obst und Gemüse
2.2.5 Nährstoffe

<u>Sport</u>
2 Gesundheit

Mittelschule, 5.–10. Jahrgangsstufe
<u>Werken – textiles Gestalten</u>
5.5 Vorhaben im Bereich Ernährung

<u>Hauswirtschaftlich-sozialer Bereich</u>
7.2.1 Empfehlungen im Hinblick auf eine gesunde Lebensweise
8.2.1 Ausgewogenes Ernährungsverhalten
9.2.1 Gesundheitsbewusstes Verhalten in bestimmten Lebenssituationen

Förderschule – Förderschwerpunkt Lernen
<u>Hauswirtschaft, 5./6. Jahrgangsstufe</u>
2 Den Wert der Lebensmittel kennen lernen
13 Über gesunde Ernährung Bescheid wissen
13.2 Ein gesundes Frühstück zubereiten
14 Verschiedene Grundnahrungsmittel kennen lernen und damit umgehen

<u>Biologie, 5./6. Jahrgangsstufe</u>
2.2 Sich gesund ernähren

<u>Berufs- und Lebensorientierung – Hauswirtschaftlich-soziale Praxis</u>
2.2 Sich gesund ernähren und gesund halten

Medien und deren unterrichtspraktische Realisierung:

Ernährungspyramide:
- Medium Ernährungspyramide
- Arbeitsblätter zu jeder Lebensmittelgruppe:
  - Getränke
  - Getreide und Kartoffeln
  - Obst und Gemüse
  - Milch und Milchprodukte
  - Fleisch, Fisch und Eier
  - Fette
  - Süßes

Das gesunde Frühstück
- Arbeitsblätter:
  - Frühstücksprotokoll
  - Bausteine eines gesunden Frühstücks
  - Frühstück – Auftanken für jeden Tag
- Projektorientierter Unterricht zum Thema Frühstück:
  - Umfrageaktion
  - Einladung zum Powerfrühstück

Kompetenzen:

- Die Ernährungspyramide kennen und zur Menüplanung nutzen.
- Grundwissen über Lebensmittelgruppen erwerben und bei der individuellen Tagesplanung berücksichtigen.
- Ernährungsprobleme kennen und das eigene Ernährungsverhalten kritisch hinterfragen.
- Die Bausteine und Bedeutung eines gesunden Frühstücks kennen und beim eigenen Frühstück umsetzen.

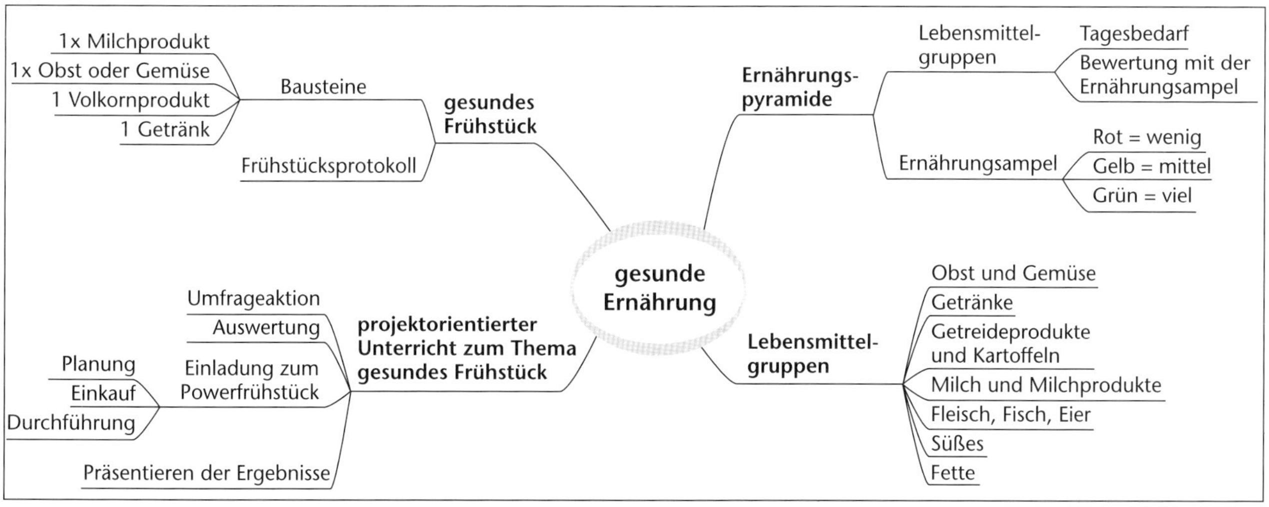

9.1 Ernährungspyramide

Methodische Hinweise:

- Stark vergrößert kann diese Ernährungspyramide als Plakat verwendet werden.
- Die Wortkarten mit den Namen der Lebensmittelgruppen ebenfalls stark vergrößern.
- Evtl. die Bausteine in der jeweiligen Ampelfarbe kennzeichnen:
  - rot: Süßigkeiten und Fette
  - gelb: Milchprodukte
  - grün: Obst, Gemüse, Getreideprodukte, Kartoffeln, Getränke

Ernährungspyramide

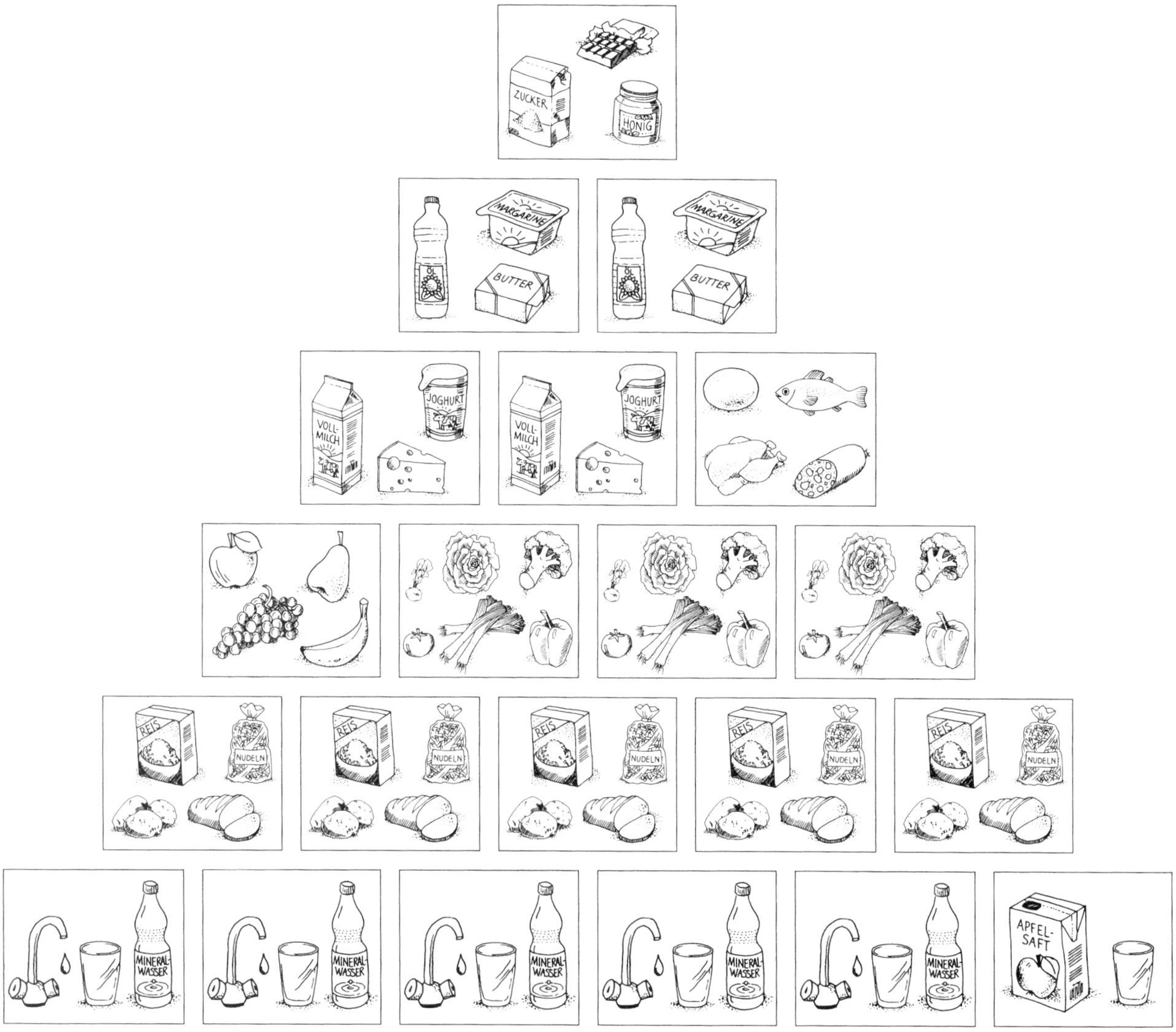

Aufgabe: Ordne die Wortkarten mit den Namen der Lebensmittelgruppen der Ernährungspyramide zu.

Getränke	Getreideprodukte, Kartoffeln	Obst
Gemüse	Milchprodukte	Fleisch, Fisch, Eier
Fette	Süßigkeiten	

Name:	Klasse:	Datum:	Fach:	Nr.:

Wir bewerten Lebensmittelgruppen

Male die Ampel in den Ampelfarben aus.

Verbinde die Lebensmittelgruppen mit der richtigen Ampelfarbe:

- Rot = wenig
- Gelb = mittel
- Grün = viel

Male die Ernährungspyramide in den Ampelfarben aus.

Ernährungspyramide

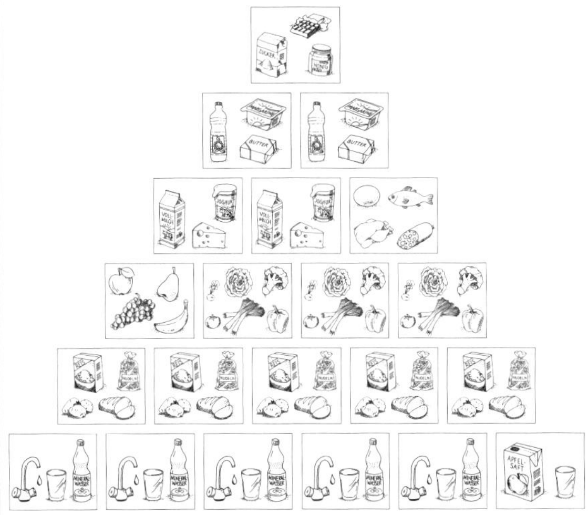

Süßes	
Fette	
Fleisch, Fisch, Eier	
Milch- und Milchprodukte	
Obst	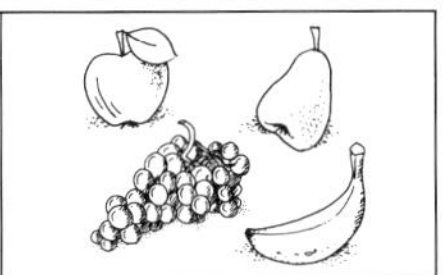
Gemüse	
Getreideprodukte, Kartoffeln	
Getränke	

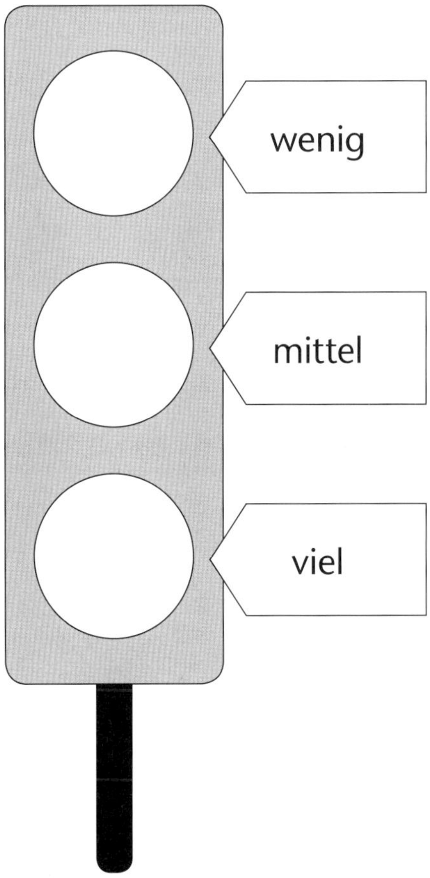

Lösung: viel = grün: Getränke, Getreideprodukte, Kartoffeln, Obst, Gemüse
mittel = gelb: Milch- und Milchprodukte, Fleisch, Fisch, Eier
wenig = rot: Fette, Süßigkeiten

Name:	Klasse:	Datum:	Fach:	Nr.:

Lebensmittelgruppe Getränke

Wie viel soll man täglich trinken?

__________ 

+ __________ 

Wann soll man mehr trinken?

__________ __________ __________ __________

➔ Welche Getränke soll man trinken? Verbinde mit Pfeilen.

Begründe deine Entscheidung! Welche schädlichen Inhaltsstoffe enthalten die ☹-Getränke?

____

____

Lösung: Seite 148

Name:	Klasse:	Datum:	Fach:	Nr.:

Lebensmittelgruppe Getreide und Kartoffeln

Wie viel soll man täglich essen?

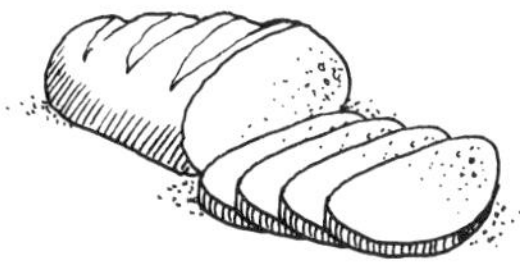

________________ + ______________________________

Warum soll man Vollkornprodukte bevorzugen? Begründe.

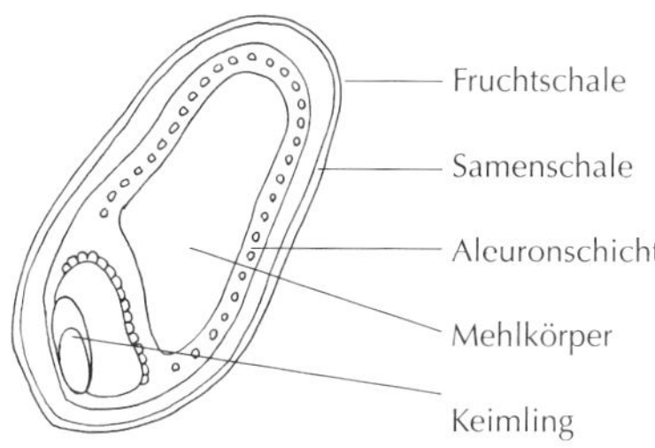

→ Verbinde mit Pfeilen. Begründe deine Entscheidung.

Vollkornnudeln 

weißer Reis 

Vollkornreis 

Vollkorn-brot 

weißes Brot 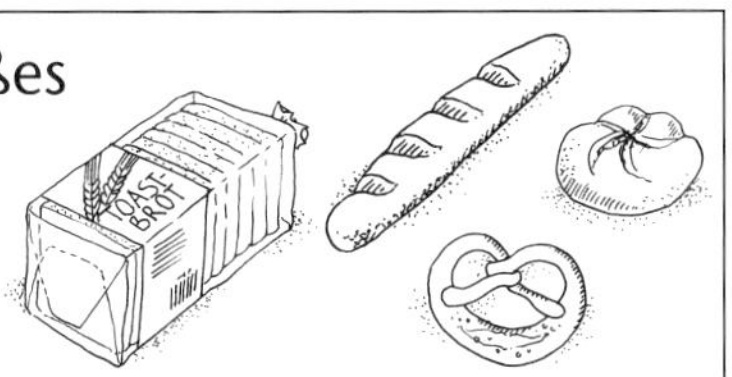

Vollkorn-müsli

Salzkartoffeln

Pommes

Lösung: Seite 148

Name:	Klasse:	Datum:	Fach:	Nr.:

Lebensmittelgruppe Obst und Gemüse

Wie viele Portionen soll man täglich essen bzw. trinken?

_______________  + _______________ 

5 am Tag
OBST & GEMÜSE

Finde die Bausteine in der Ernährungspyramide und male sie aus.

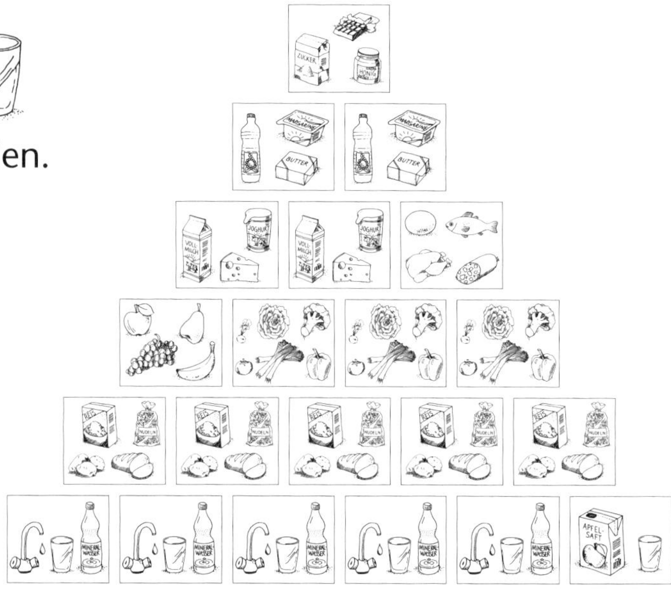

Ein Baustein kann auch als 

______ Glas Saft getrunken werden.

Eine Portion ist so viel

wie ______ Handvoll.

Warum sind Obst und Gemüse so gesund? Begründe.

____

____

____

____

Sommersmoothie

Menge	Zutaten	Zubereitung
400 g 300 g 1/2 l 1 EL	Nektarinen Karotten Orangensaft Crème fraîche	1. Obst und Gemüse waschen, Karotten schälen, in kleine Stücke schneiden 2. Sehr fein pürieren 3. Mit Saft und Crème fraîche verrühren

Lösung: Seite 148

Name:	Klasse:	Datum:	Fach:	Nr.:

Lebensmittelgruppe Milch und Milchprodukte

Wie viel Milch oder Milchprodukte sollst du täglich trinken oder essen?

______ 

oder ______  + ______ 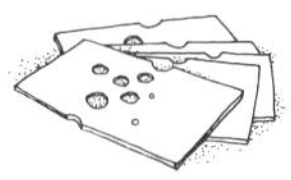 + ______ 

Welche Nährstoffe machen die Milch so gesund? Ergänze.

Kalcium | Gehirn und Muskeln | Eiweiß | Knochen und Zähne

______________ 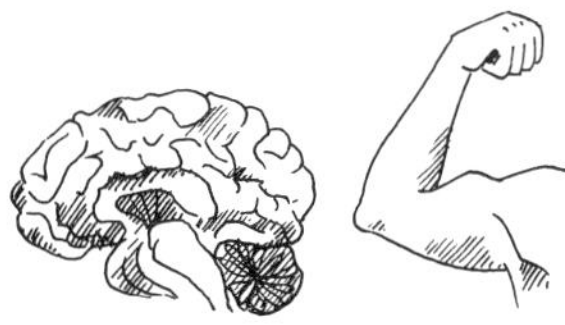 für ______________________________

______________ 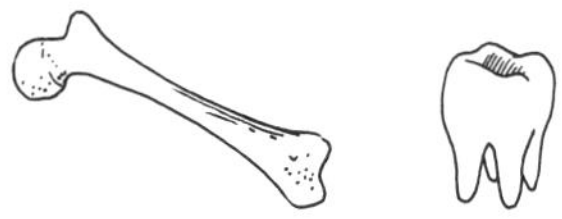 für ______________________________

Welche Produkte soll man essen oder trinken? Verbinde mit Pfeilen.

Begründe deine Entscheidung. Welche Inhaltsstoffe enthalten die

😐-Milchprodukte? ______________________________

Lösung: Seite 149

Name:	Klasse:	Datum:	Fach:	Nr.:

Lebensmittelgruppe Fleisch, Fisch und Eier

➔ Welche Tiere liefern Fleisch, Fisch und Eier? Verbinde.

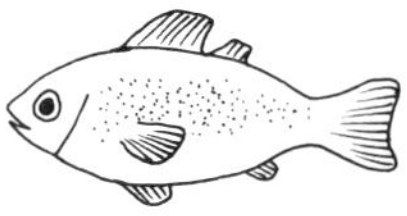

Wie viele Portionen isst du pro Woche?

Januar						
Mo	Di	Mi	Do	Fr	Sa	So
01	02	03	04	05	06	07

Fisch 

Fleisch 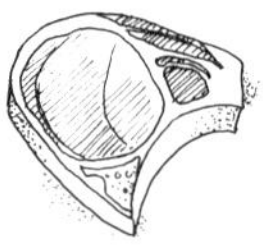

Wurst 

Eier 

______ ______ ______ ______

➔ Bewerte Fleisch, Fisch und Eier: Verbinde.

Fleisch, Fisch und Eier enthalten sehr viel …	Jod, das gegen einen Kropf hilft und Omega-3-Fettsäuren, die gut für das Herz sind.
Wenn man jedoch zu viel davon isst, kann das z. B. zu …	Eiweiß. Das ist ein wichtiger Baustoff für den Körper.
Fisch enthält neben Eiweiß sehr viel …	Gicht und einem erhöhten Cholesterinspiegel führen.

Da du nicht jeden Tag Fleisch, Fisch oder Eier essen kannst, überlege dir ein paar Speisen ohne diese Lebensmittel.

______

Lösung: Seite 149

Name:	Klasse:	Datum:	Fach:	Nr.:

Lebensmittelgruppe Fette

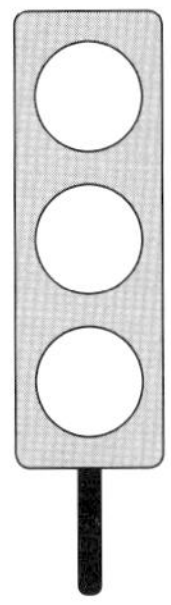

Male die Ampel in den Ampelfarben aus.

➔ Verbinde die Fette mit der richtigen Ampelfarbe.

Lies den Text durch.

Es gibt tierische Fette und pflanzliche Fette. Tierische Fette können zu einem erhöhten Cholesterinspiegel führen. Daher soll man pflanzliche Fette bevorzugen. Besonders wertvolle pflanzliche Fette sind kalt gepresste Öle.
Fette liefern sehr viel Energie. Bevorzuge deshalb magere fetthaltige Lebensmittel.

Trage jedes Fett oder fetthaltige Lebensmittel in die passenden Kästchen ein.

Butter	Margarine	Olivenöl	Käse	Sahne	Salami	Sonnenblumenöl

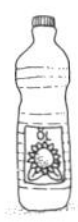

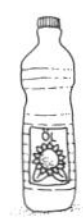

tierische Fette 	pflanzliche Fette 
weniger gesunde Fette 	gesunde Fette 

Magerer Käse-Wurst-Salat

Menge	Zutaten	Zubereitung
200 g 200 g 1 2 1/2	Putenbrust Edamer, 30 % Fett Paprika Essiggurken Zwiebel	1. Alle Zutaten in feine Würfel schneiden
 1/2 B. 1 TL 2 EL 1 Pr.	Marinade: Joghurt 1,5 % Fett kalt gepresstes Öl Essig Salz, Pfeffer	 2. Zutaten mit der Marinade verrühren 3. Salat marinieren

Name:	Klasse:	Datum:	Fach:	Nr.:

Lebensmittelgruppe Süßes

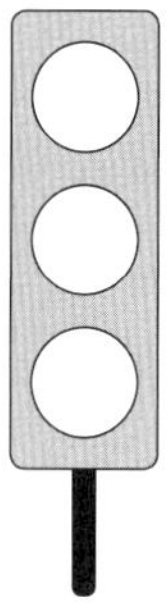

Male die Ampel in den Ampelfarben aus.

➔ Verbinde das Süße mit der richtigen Ampelfarbe.

Warum ist Zucker ungesund? Begründe.

____

____

____

____

Womit kann man Zucker ersetzen?

____

Welche zusätzlichen Inhaltsstoffe machen diese süßen Lebensmittel gesünder? ____

Zähle die Zuckerstücke in süßen Lebensmitteln.

_______ Stücke 

_______ Stücke 

_______ Stücke 

_______ Stücke 

_______ Stücke 

Lösung: Seite 148

9.2 Das gesunde Frühstück

Methodische Hinweise:

- Das Thema „gesundes Frühstück“ sowie das folgende Projektvorhaben bauen auf die Lerninhalte der Ernährung auf.
- Die Ernährungspyramide spielt auch bei dem gesunden Frühstück eine große Rolle und sollte stets beim Erarbeiten der Lerninhalte eingesetzt werden.
- In Form eines Frühstücksprotokolls wird der „Ist-Zustand“ der Schüler erfasst. Die angekreuzten Lebensmittel werden der Ernährungspyramide zugeordnet und mithilfe der Ernährungsampel bewertet.
- Mithilfe der Bausteine eines gesunden Frühstücks können Schüler ihr Frühstücksverhalten überprüfen und verbessern.

Name:	Klasse:	Datum:	Fach:	Nr.:

Die Bausteine eines gesunden Frühstücks

Ergänze die Bausteine und Beispiele zur Ernährungspyramide.

1 Milchprodukt — *1 Vollkornprodukt*

Ernährungspyramide

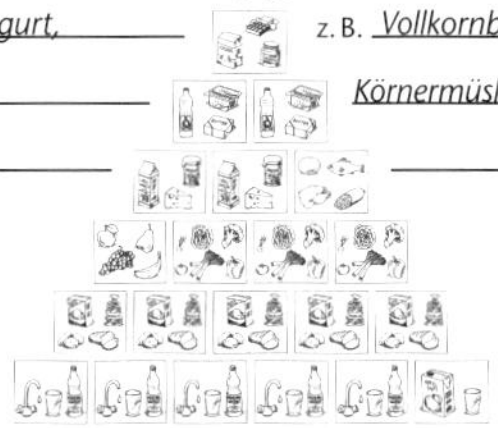

z. B. *Kakao, Milch, Jogurt, Käse, Quark*

z. B. *Vollkornbrot, Vollkornbrötchen Körnermüsli*

1x Obst/Gemüse — *1 Getränk*

z. B. *Obst im Müsli, Apfel, Orangensaft, Karotte, Tomate*

z. B. *Tee, Saft, Saftschorle, Wasser*

Überprüfe als Frühstücksexperte dein Frühstück und male den entsprechenden Smiley aus.

☺ = Ich frühstücke jeden Tag in Ruhe und genieße ein gesundes Frühstück.

😐 = Ich frühstücke jeden Tag und esse dabei aber häufig viel Süßes und Fettiges wie Nugatcreme, Hörnchen und Wurstbrote.

☹ = Ich frühstücke selten oder nie und esse dann auf die Schnelle was Süßes oder Fettiges.

Lösungsbaustein: Seite 125

Unterrichtssequenz

UE	Thema	Praktische Arbeitsaufgabe	Medien
1.	**Das gesunde Frühstück** • Frühstücksprotokoll • Bausteine eines gesunden Frühstücks	Powermüsli Tee	AB Frühstücksprotokoll AB Die Bausteine eines gesunden Frühstücks AB Frühstück – Auftanken für den Tag
2.	**Umfrageaktion**	—	Fragebogen
3.	**Auswertung der Umfrageaktion** • Zählen der Antworten • Reflektieren der Ergebnisse	Gemüsepommes mit Kräuterdipp	Auszählung der Fragebögen, Rezepte für ein gesundes Frühstück
4.	**Wir laden zu einem Powerfrühstück ein** • Planen des Projektes • Schreiben einer Einladung • Erstellen von Einkaufslisten	Bananen-Shake Vitaminbombe	AB Wir laden zu einem Powerfrühstück ein
5.	**Einladung zum Powerfrühstück und Präsentation der Umfrageergebnisse** • Herstellen eines Frühstücks • Anrichten, Servieren, Tischdecken • Präsentieren der Umfrageergebnisse	Je nach Planung der Schüler	

Name:	Klasse:	Datum:	Fach:	Nr.:

Frühstücksprotokoll

Kreuze an, was du zum Frühstück isst und trinkst.

◯ Ich frühstücke nie. Kreuze dann an, was dir zum Frühstück schmecken würde.

Betrachte die Ernährungspyramide und ordne dein Frühstück zu. Male die angekreuzten Zutaten mit den Farben der Ernährungsampel an (rot = wenig, gelb = mittel, grün = viel).

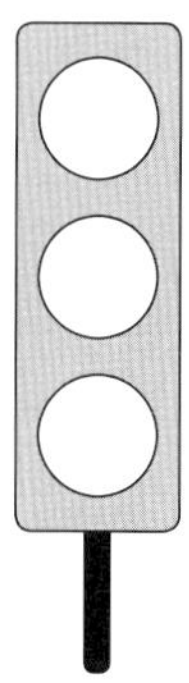

Name:	Klasse:	Datum:	Fach:	Nr.:

Die Bausteine eines gesunden Frühstücks

Ergänze die Bausteine und Beispiele zur Ernährungspyramide.

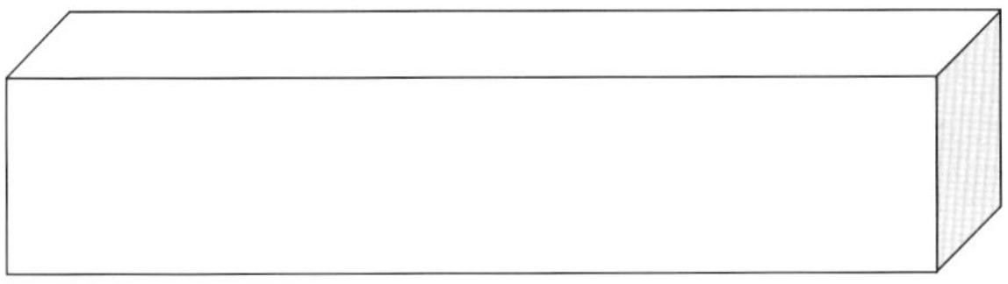

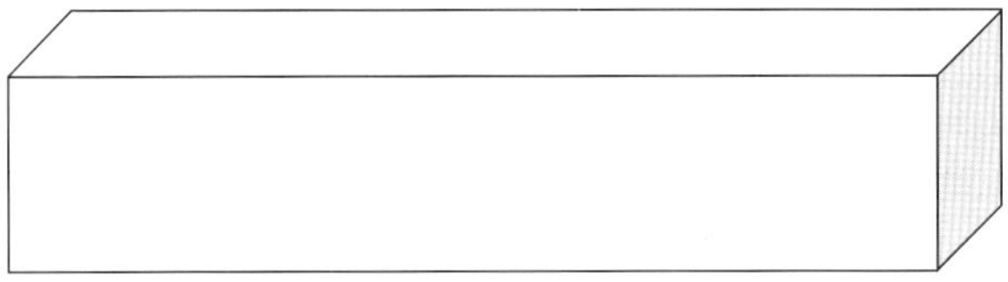

Ernährungspyramide

z. B. ______________________

____

____

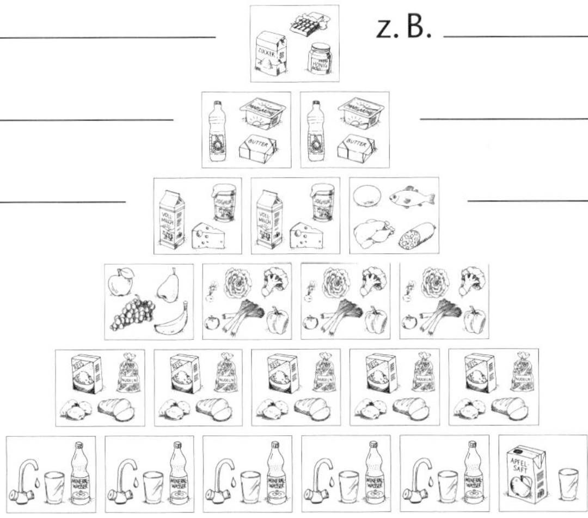

z. B. ______________________

____

____

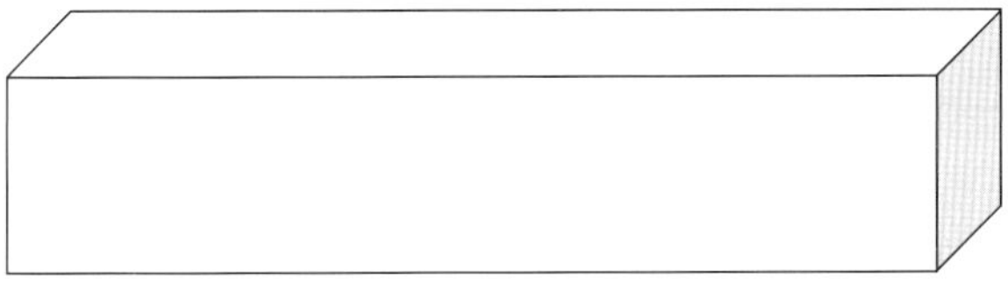

z. B. ______________________

____

____

z. B. ______________________

____

____

Überprüfe als Frühstücksexperte dein Frühstück und male den entsprechenden Smiley aus.

☺ = Ich frühstücke jeden Tag in Ruhe und genieße ein gesundes Frühstück.

😐 = Ich frühstücke jeden Tag und esse dabei aber häufig viel Süßes und Fettiges wie Nugatcreme, Hörnchen und Wurstbrote.

☹ = Ich frühstücke selten oder nie und esse dann auf die Schnelle was Süßes oder Fettiges.

Lösung: Seite 123

Name:	Klasse:	Datum:	Fach:	Nr.:

Frühstück – Auftanken für den Tag

Trage die fehlenden Wörter in dem Text ein.

Energie | konzentrieren | topfit

Ein gesundes Frühstück ist wichtig, weil:

- ich mich besser ______________________ kann.
- es viel ______________________ liefert.
- ich ______________________ in den Tag starte.

Powermüsli (4 Personen)		
Menge	**Zutaten**	**Zubereitung**
6 EL 500g 3 EL	kernige Haferflocken Naturjoghurt Sahne	1. Haferflocken, Naturjoghurt und Sahne in eine Schüssel geben
2	reife Bananen	2. Banane mit der Gabel zu Mus zerdrücken
2	Äpfel	3. Waschen, vierteln, Kernhaus entfernen und in Scheiben schneiden
		4. Alle Zutaten miteinander vermengen
1–2 EL	Honig	5. Müsli mit Honig abschmecken

Bananen-Shake (2 Personen)		
Menge	**Zutaten**	**Zubereitung**
2	reife Bananen	1. Bananen schälen und in Stücke schneiden
500 ml	Milch	2. Bananen, Milch und Honig mit dem Mixer schaumig mixen
1 EL	Honig	3. Shake mit Honig abschmecken

Name:	Klasse:	Datum:	Fach:	Nr.:

Rezepte für ein gesundes Frühstück

Gemüse-Pommes mit Dipp (4 Personen)

Menge	Zutaten	Zubereitung
2	Karotten	1. Karotten schälen, halbieren und in Streifen schneiden
1	Paprika	2. Paprika waschen, Stiel und Kerne entfernen und in Streifen schneiden
1/2	Gurke	3. Gurke waschen und in Streifen schneiden
250 g	Cocktailtomaten	4. Tomaten waschen

Kräuterdipp (4 Personen)

Menge	Zutaten	Zubereitung
1/2 Bund	Schnittlauch	1. Schnittlauch waschen und in kleine Röllchen schneiden
150 g 250 g	Naturjoghurt Speisequark mit Sahne	2. Joghurt, Speisequark, geschnittenen Schnittlauch in eine Schüssel geben und vermengen
1/2 TL 1 Pr. 2 Msp. 1/2 TL	Salz Zucker Pfeffer Paprikapulver	3. Mit Salz, Zucker, Pfeffer und Paprikapulver abschmecken

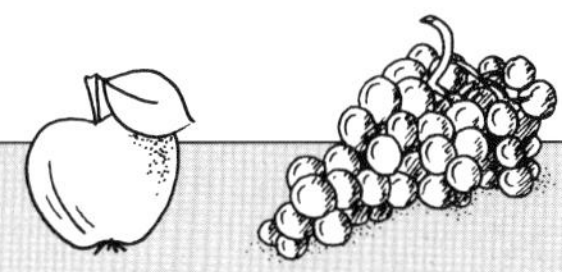

Vitaminbombe (4 Personen)

Menge	Zutaten	Zubereitung
1	Apfel	1. Apfel waschen, entkernen und in Stücke schneiden
1	Kiwi	2. Kiwi schälen, Strunk entfernen und in Stücke schneiden
150 g	rote Trauben	3. Trauben waschen und vereinzeln
1 kleine Dose	Ananasscheiben	4. Ananasdose öffnen, Ananasscheiben abtropfen lassen und in Stücke schneiden
	Schaschlikspieße	5. Fruchtstücke abwechselnd auf die Spieße aufspießen

9.3 Projektorientierter Unterricht zum Thema Frühstück

Ausgangspunkt:

- Das eigene Essverhalten beim Frühstück wurde bereits im Unterricht durchleuchtet, nun soll das Interesse auf das Essverhalten beim Frühstück einer anderen Klasse gelenkt werden.
- Als Frühstücksexperten können die Schüler ihr Wissen bei der geplanten Fragebogenaktion anwenden und erweitern. Dadurch rückt ein gesundes Frühstück noch mehr in das Bewusstsein.

Methodische Hinweise:

- Zuerst sollte der Fragebogen von der Projektklasse selbst ausgefüllt werden, um evtl. Fragen und Unklarheiten zu klären. Die Schüler müssen auch mit den Fragen und der Vorgehensweise vertraut werden. (Umgang mit dem Fragebogen schulen!)
- Die Probandenklasse wird von den Schülern selbst bestimmt; eine jüngere Jahrgangsstufe wäre jedoch hierfür sinnvoll.
- Die Projektklasse stellt ihr Vorhaben und den Fragebogen in der Probandenklasse vor.
- Die Vorgehensweise bei der Auswertung der Fragebögen muss erarbeitet werden, hierzu dient der Auswertungsbogen.
- Die Auswertung der Bögen sollte in Auswertungs- und Kontrollgruppen stattfinden, um die Richtigkeit der Ergebnisse zu bekräftigen.
- Die Ergebnisse werden zuerst in der Projektklasse besprochen und beurteilt.
- Die Präsentation der Ergebnisse in der Probandenklasse sollte in einem gemütlichen Rahmen stattfinden. Möglich ist eine Einladung zu einem gemeinsamen und gemütlichen Frühstück verbunden mit der Präsentation.
- <u>Einladung zu einem Powerfrühstück</u>
  - Die Planung des Frühstückes sollte in Gruppenarbeit erfolgen, um die soziale Kompetenz zu fördern.
  - In Gruppenarbeit können Ideen für die Gestaltung der Einladungskarte gesammelt und präsentiert werden. Dies kann gegebenenfalls auch am PC stattfinden.
  - Leistungsstarke Klassen oder Schüler können die Einkaufsliste für das gemeinsame Frühstück schreiben. Jede Gruppe übernimmt eine oder mehrere Speisen und schreibt die nötigen Lebensmittel in die Einkaufsliste. (Stellt eine gute Differenzierungsmöglichkeit dar!)

Medien:

- Erfassung des Teilnehmerkreises, Daten der Klasse
- Fragebogen „Das Frühstück – dein guter Start in den Tag!“
- Auswertungsbogen „Das Frühstück – dein guter Start in den Tag!“
- AB „Wir laden zu einem Powerfrühstück ein“

Erfassung des Teilnehmerkreises an der Umfrage:

Daten der Klasse	
Schüleranzahl:	
Anzahl der Teilnehmer:	
Anzahl der Jungen:	
Anzahl der Mädchen:	
Durchschnittsalter:	

Fragebogen
Das Frühstück – dein guter Start in den Schultag!

Kreuze an oder trage deine eigene Antwort ein.

1. Frühstückst du am Morgen vor der Schule?

ja	manchmal	nein
○	○	○

➔ (Kreuze bitte bei den folgenden Fragen an, wie und was du gerne frühstücken würdest.)

2. Wie frühstückst du?

allein	mit anderen
○	○

3. Frühstückst du:

„in Ruhe, am Tisch sitzend"?	„schnell im Stehen"?
○	○

4. Was trinkst du zum Frühstück?

Kakao	Milch	Tee	Wasser	Limo/Cola	Saft
○	○	○	○	○	○

Sonstiges: ______________________________

5.Was isst du zum Frühstück?

Wurst	Käse	Marmelade	Nugatcreme	Honig	Joghurt
○	○	○	○	○	○
Gemüse	**Obst**	**Cornflakes**	**Müsli**	**Eier**	**Kuchen**
○	○	○	○	○	○
Vollkornbrötchen	**Toastbrot**	**Brötchen**	**Schwarzbrot**		
○	○	○	○		

Sonstiges: ______________________________

____

Vielen Dank für deine Mithilfe!

Auszählung der Fragebögen

Trage die Antworten mit Strichen ein.

1. Frühstückst du am Morgen?

ja	nein	manchmal

2. Wie frühstückst du:

allein	mit anderen

3. Frühstückst du:

in Ruhe, am Tisch sitzend	schnell im Stehen

4. Was trinkst du zum Frühstück?

Kakao	Milch	Tee	Wasser	Limo/Cola	Saft

Sonstiges:

5. Was isst du zum Frühstück?

Wurst	Käse	Marmelade	Nugatcr.	Honig	Joghurt
Gemüse	Obst	Cornflakes	Müsli	Eier	Kuchen
Vollkorn-brötchen	Toastbrot	Brötchen	Schwarz-brot		

Sonstiges:

Name:	Klasse:	Datum:	Fach:	Nr.:

Wir laden zu einem Powerfrühstück ein

Beginne die Planung mit den wichtigsten Fragen.

✓ **Wo** findet es statt? ______________________________

✓ **Wann** findet es statt? ______________________________

✓ **Wen** laden wir ein? ______________________________

Was bieten wir an?

Getränke: ______________________________

Essen: ______________________________

____

Erstelle eine Einkaufsliste für ein Gericht oder Getränk.
Trage die Menge und die Zutaten in die Einkaufsliste ein.

Speise/Getränk	
Menge	**Zutaten**

Gestalte eine Einladungskarte mit den folgenden Angaben:

Einladung zum Powerfrühstück	Wann?	Wo?
Wer lädt ein?	Wer wird eingeladen?	

10 Tisch decken

Lehrplanbezug:

Mittelschule, 7.–10. Jahrgangsstufe

Hauswirtschaftlich-sozialer Bereich

7.7.1 Ansprechendes Präsentieren von Speisen und Getränken
7.7.2 Pflege von Tischkultur
8.7.1 Verschiedene Formen des Speisens und Präsentierens
8.7.2 Pflege von Tischkultur
9.7.1 Tisch- und Raumgestaltung für besondere Anlässe
9.7.2 Pflege von Tischkultur

Förderschule, Förderschwerpunkt Lernen

Hauswirtschaft, 5.–6. Jahrgangsstufe und Berufs- und Lebensorientierung, 7.–9. Jahrgangsstufe (BLO)

3. Die Küche als Arbeitsplatz kennen lernen
2.3 Tätigkeiten im Berufsfeld Hauswirtschaft ausführen
  ○ Arbeitsplatz Küche
2.5 Berufsfeldspezifische Anforderungen und Kompetenzen
5. Den berufsfeldorientierten und lebenspraktischen Bereich Service/Gastgewerbe kennen lernen
11. Für verschiedene Mahlzeiten und Anlässe den Tisch decken

Medien und deren unterrichtspraktische Realisierung:

Tafelmedien

- Die Bilder können für die Tafelanschrift und für Einzel- und Gruppenarbeiten verwendet werden.

Arbeitsblätter

- Wir decken den Tisch für ein Hauptgericht
- Wir decken den Tisch für eine Kaffeetafel
- Wir falten Servietten
- So fühlen wir uns bei Tisch wohl!
- Möglicher Einsatz:
  - ○ Gesamtzusammenfassung
  - ○ Kontrolle
  - ○ Differenzierung

Kompetenzen:

- Verschiedene Geschirr- und Besteckteile kennen und beim Tischdecken für unterschiedliche Speisen sachgerecht auflegen.
- Möglichkeiten einer ansprechenden Tischgestaltung kennen und für einfache Anlässe nutzen.
- Umgangsformen bei Tisch kennen und beim gemeinsamen Essen im Unterricht einüben.

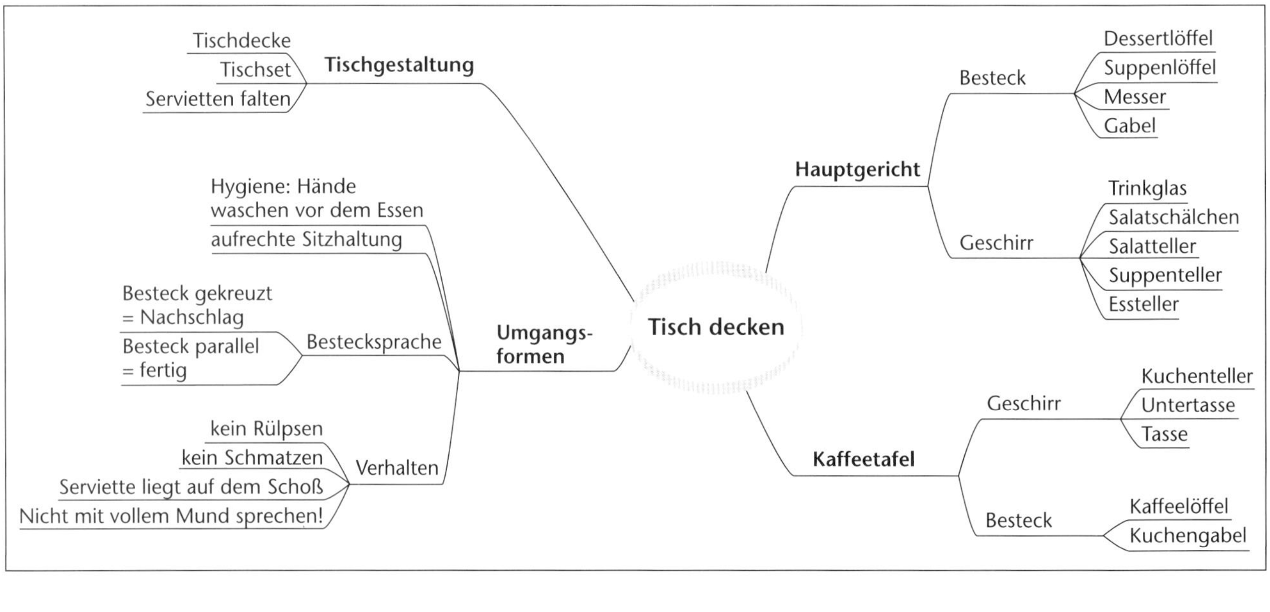

Tafelmedien: Tisch decken

Herstellen der Medien:
- Die Geschirr- und Besteckteile evtl. vergrößert kopieren, anschließend laminieren
- Evtl. nach dem Ausschneiden der Teile auf der Rückseite Magnetfolie anbringen

Unterrichtspraktische Hinweise:
- In jeder Unterrichtsstunde kann das Gedeck für das Menü an der Tafel befestigt werden.
- Für Einzel- oder Partnerarbeit geeignet

Name:	Klasse:	Datum:	Fach:	Nr.:

Wir decken den Tisch für ein Hauptgericht

Trage ein: Trinkglas | Gabel | Dessertlöffel | Tischdecken | Teller | Tischkante | Schneide

Das Salatschälchen steht links über der ____________________.

Der ____________________ liegt oberhalb des Tellers.

Die Gabel liegt links neben dem ____________________.

Das ____________________ steht über dem Messer.

Teller und Besteck sind ca. 1 cm (Daumenbreit) von der ____________________ entfernt.

Das Messer liegt immer rechts mit der ____________________ nach innen neben dem Teller.

Reihenfolge beim ____________________ beachten.

Name:	Klasse:	Datum:	Fach:	Nr.:

Wir decken den Tisch für eine Kaffeetafel

Trage ein: parallel | Kuchengabel | halb fünf | daumenbreit | Kuchenteller

Die ______________________ liegt schräg oben auf dem Kuchenteller.

Der Teelöffel liegt schräg, ______________________ zur Kuchengabel neben der Tasse.

Der Kuchenteller liegt ca. ______________________ von der Tischkante entfernt.

Der Henkel der Kaffee-/Teetasse zeigt ______________________ (Uhrzeit!) an.

Der Unterteller steht schräg rechts über dem ______________________.

Name:	Klasse:	Datum:	Fach:	Nr.:

Wir falten Servietten

Zu einem schön gedeckten Tisch gehört auch immer eine schön gefaltete Serviette. Anhand dieses Beispiels kannst du es selbst ausprobieren.

Einfacher Tafelspitz

1. Falte die Serviette am vorgegebenen Mittelknick so auf, dass die geöffnete Seite zu dir zeigt. ☝ *Der Bug ist oben!*	
2. Lege dann die rechte obere Ecke zum Bruch und verfahre mit der anderen Ecke ebenso. ☝ *Die Serviette soll nicht geknickt, sondern nur gelegt werden!*	 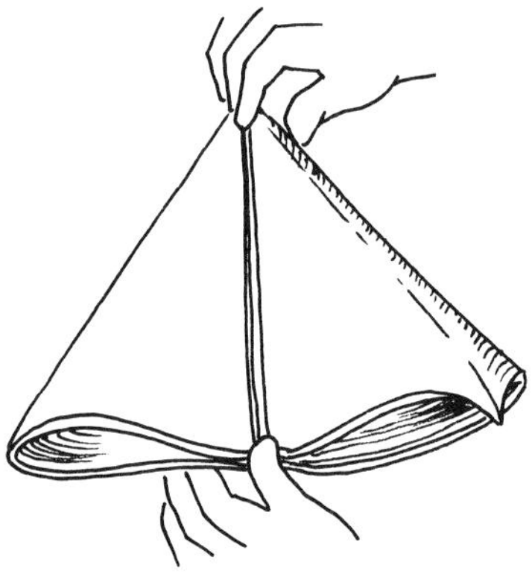
3. Falte nun die Spitzen zueinander und stelle den Tafelspitz auf.	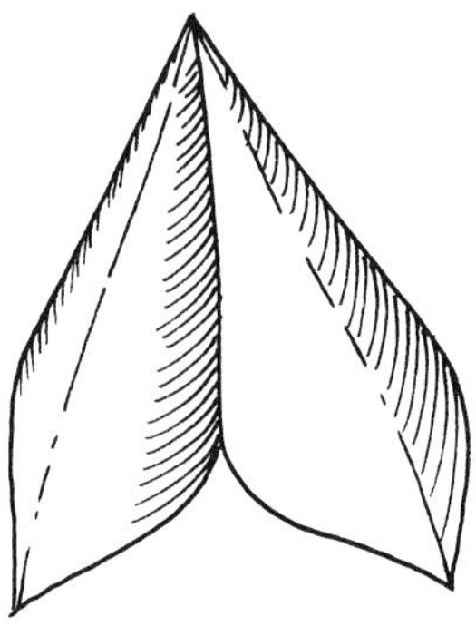

Name:	Klasse:	Datum:	Fach:	Nr.:

So fühlen wir uns bei Tisch wohl

Trage an der passenden Stelle ein:

Mund | Linkshänder | verboten | aufrechten

Serviette | Hände waschen | Serviette | vollem

- Vor dem Essen ______________ nicht vergessen!
- Wir sitzen in einer ______________ Haltung am Tisch!
- Die ______________ liegt immer auf unserem Schoß.
- Vor dem Essen wünschen wir uns einen „guten Appetit“.
- Das Messer nehmen wir in die rechte, die Gabel in die linke Hand

  ⇨ gilt auch für ______________ !
- Das Essen wird immer zum ______________ geführt, nicht der

  Mund zum Essen.
- Schmatzen oder gar Rülpsen sind strengstens ______________ !
- Sprich niemals mit ______________ Mund.
- Nach dem Essen legen wir die ______________ neben dem Teller ab.

Bestecksprache

Mit der Position des Bestecks geben wir Auskunft über unsere Wünsche:

Besteck gekreuzt bedeutet:
⇨ Nachschlag

Besteck parallel nebeneinander bedeutet:
⇨ fertig

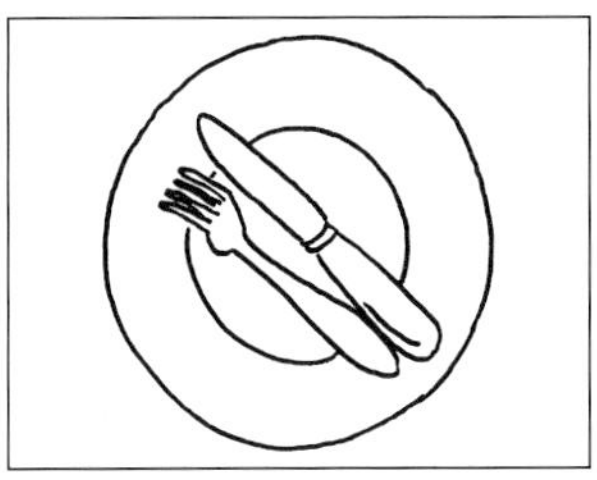

11 Einkauf

Lehrplanbezug:

Mittelschule, 5.–10. Jahrgangsstufe

Werken – textiles Gestalten

6.5 Vorhaben im Bereich Einkauf und Werbung

Hauswirtschaftlich-sozialer Bereich

7.1.1 Wirtschaftliches Haushalten

7.1.2 Einschlägige Hilfen beim Einkauf von Lebensmitteln

8.1.2 Möglichkeiten des Einsparens von Geld

9.1.2 Verbraucherschutz

Förderschule – Förderschwerpunkt Lernen

Hauswirtschaft, 5./6. Jahrgangsstufe

2 Den Wert der Lebensmittel kennen lernen

20 Verpackte Lebensmittel kennen lernen

Berufs- und Lebensorientierung – Hauswirtschaftlich-soziale Praxis

2.4 Lebensmittel wirtschaftlich und umweltbewusst einkaufen

Medien und deren unterrichtspraktische Realisierung:

Umgang mit dem Kassenzettel

- Wort- und Bildkarten „Der Einkauf"
- AB „Der Kassenzettel"

Lebensmittelkennzeichnung

- Wort- und Bildkarten „Lebensmittelkennzeichnung"
- Arbeitsblätter:
  - Die Lebensmittelkennzeichnung
  - Lebensmittelkennzeichnung: Bist du fit?

Kompetenzen:

- Die Bedeutung der Lebensmittelkennzeichnung kennen und beim Einkauf nutzen.
- Die Angaben eines Kassenzettels kennen und als Einkaufshilfe sowie zur Buchführung nutzen.

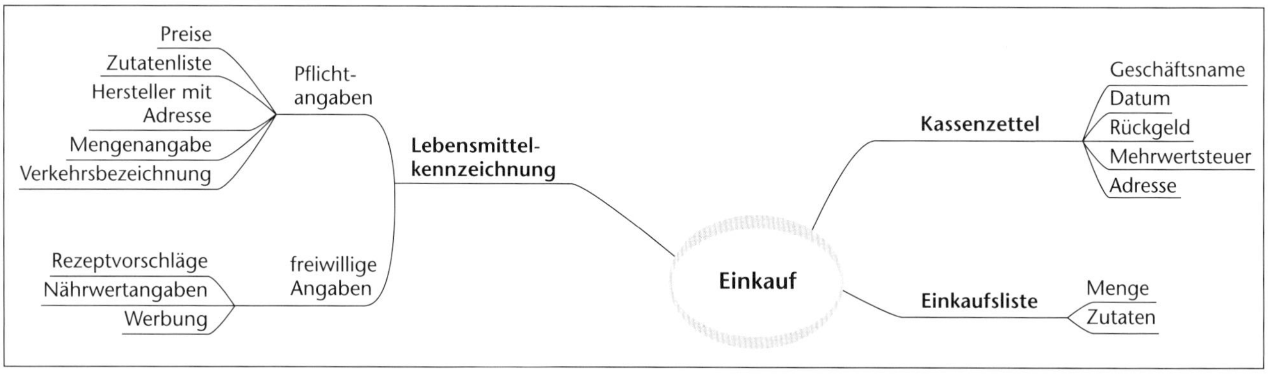

11.1 Wort- und Bildkarten: Der Einkauf

Unterrichtspraktische Hinweise:

- Kassenzettel, Einkaufsliste und Pfeile kopieren, evtl. vergrößern oder auf Folie kopieren
- Kassenbon-Kärtchen kopieren, falten, kleben, evtl. laminieren.
  Schüler können mithilfe der Rückseite selbst kontrollieren.

Kassenzettel/Kassenbon

Einkaufsliste

Geschäftsname

Mehrwertsteuer

Datum

Adresse

Rückgeld

Summe

Menge

Zutaten

5 Bananen
1 H-Milch
1 kg Äpfel
3 Kiwi
2 Schlagsahne
1 Butter
500 g Joghurt
3 Brotback-
mischungen
1 Mehl
3 Paprika

Supermarkt A

MO – SA 8 – 20 Uhr SO geschlossen

		EUR
Eier Gr. L 10er		1.09 A
Weizenmehl 1kg		0.52 A
Haselnuss gemahlen		1.39 A
Haselnuss gemahlen		1.39 A
Hefe		0.63 A
7 x 0.09		
Haselnuss gemahlen		4.17 A
3 x 1.39		
Apfel rot 1kg		1.99 A
Vanillin-Zucker		0.89 A
Summe	8 Pos.	12.07
Geg		20.00
Rueck		7.93
A 7%	0.79	12.07

VIELEN DANK FÜR IHREN EINKAUF!
* * * *
4680 300647/03/03 15.02.08 14:04
UST-ID-NR: DE 814034222

Summe: 12,07 €
Rückgeld: 7,93 €
Mehrwertsteuer: 0,79 €
Geschäftsname: Supermarkt A
Datum: 15.02.08

Supermarkt B

Steuer.-Nr.: 040 2257080 4

3 x 1.39		
BRAUNER ZUCKER		4.17 7
FRISCHMILCH 1,5%		0.66 7
SUMME	EUR	4.83*
GEGEBEN BAR		4.84
RÜCKGELD	EUR	0.01

MWST 7.00% 0.32 NETTO 4.51
SUMME MWST 0.32 NETTO 4.51

Positionen: 2
15.12.2008 11:55 118 252525 4 0630

Summe: 4,83 €
Rückgeld: 0,01 €
Mehrwertsteuer: 0,32 €
Geschäftsname: Supermarkt B
Datum: 15.12.2008

Supermarkt C

Steuer.-Nr.: 040 2247090 2

H-Milch 1.5% 1 L		0.66 7
Puda Mehl T405		0.52 7
Dreikorntoast		0.49 7
Weidest. Butter		1.19 7
2 x 0.89		
DELIK. PUTENBRUST		1.78 7
Toast Scheiben		0.99 7
GV Ananasscheib.		0.52 7
SUMME	EUR	6.15*
GEGEBEN BAR		6.15

MWST 7.00% 0.40 NETTO 5.75
SUMME MWST 0.40 NETTO 5.75

Positionen: 7
03.12.2008 07.22 5150 282828 2 0153

Summe: 6,15 €
Rückgeld: 0,00 €
Mehrwertsteuer: 0,40 €
Geschäftsname: Supermarkt C
Datum: 03.12.2008

Supermarkt D

	BROCCOLI PER STCK*		1.19 E
	TIP SCHLAGSAHNE 30		0.48 E
	APRIKOSENKONFITUER		0.89 E
2 x 1.69	MANDELN SPLITTER		3.38 E
	SUMME	EUR	5.94
	BAR	**EUR**	**6.00**
	RUECKGELD	EUR	0.06

	Mehrwertst.	ohne MwSt	mit MwSt
E 7,0%	0,39	5,55	5,94

10.12.08 12:32 8362 07 0088 49373

Summe: 5,94 €
Rückgeld: 0,06 €
Mehrwertsteuer: 0,39 €
Geschäftsname: Supermarkt D
Datum: 10.12.08

Name:	Klasse:	Datum:	Fach:	Nr.:

Der Kassenzettel

Beantworte die Fragen.

1. Wie viel Geld muss man für die Lebensmittel zahlen?

   ____

2. Mit welchem Geldschein wurde bezahlt?

   ____

3. Welchen Geldbetrag bekam man zurück?

   ____

4. Wie viel Prozent Mehrwertsteuer zahlen wir für Lebensmittel?

   ____

5. Wie viel € Mehrwertsteuer ist in der Rechnung enthalten?

   ____

6. Wie heißt das Lebensmittelgeschäft?

   ____

7. An welchem Datum wurde eingekauft?

   ____

Supermarkt X

Steuer.-Nr.: 040 2222222 2

Bananen lose	EUR
0.446 kg x 1.35 EUR/kg=	0.60 7
H-Milch 1.5% 1L	0.66 7
Apfel rot 1 kg	1.99 7
3 x 0.29	
Kiwi Stück	0.87 7
Schlagsahne 200g	0.48 7
3 x 0.49	
Elite Natur 500g	0.98 7
Weidest. Butter	0.79 7
3 x 0.49	
SPEISEQUARK 40%	1.47 7
Brotbackmischung	0.45 7
Brotbackmischung	0.45 7
Bio Weizenmehl	0.89 7
Brotbackmischung	0.45 7
Paprika Mix 500g	1.89 7
SUMME EUR	11.97*
GEGEBEN BAR	50.00
RÜCKGELD EUR	38.03

MWST	7.00%	0.78	NETTO	11.19
SUMME	MWST	0.78	NETTO	11.19

Positionen: 13

16.12.2008 07:27 2092 4343 2 0153

Kassenzettel aufbewahren!

- Er ist wichtig bei Reklamationen.
- Man benötigt ihn für die Buchführung.

11.2 Wort- und Bildkarten: „Lebensmittelkennzeichnung“

Unterrichtspraktische Hinweise:

- Blätterteigverpackung, Pfeile kopieren, evtl. vergrößern oder auf Folie kopieren

Verkehrsbezeichnung

Werbung

Mengenangabe

Zutaten

Hersteller mit Adresse

Preis

Nährwertangaben

Bilder

Bilder

Rezeptvorschläge

Pflichtangaben

Freiwillige Angaben

Firma Schmeck
82646 Mannheim

Zutaten: Mehl, Wasser, Butter Emulgator

Blätterteig

500 g

1.25 €

10 % mehr Inhalt

Rezeptvorschlag: Blätterteig ausrollen mit Früchten belegen,
Blätterteig formen,
bei 200°C 10 Min backen

100 g = 725 Kcal, EW, KH, Fett …

Name:	Klasse:	Datum:	Fach:	Nr.:

Die Lebensmittelkennzeichnung

Ordne die Angaben richtig zu.

- Pflichtangaben = **P**
- Freiwillige Angaben = **F**

Verkehrsbezeichnung | Preis | Hersteller | Nährwertangaben | Werbung | Zutatenliste | Rezepte | Mengenangabe

P/F	Angabe	
◯	500 g	
◯	Blätterteig	
◯	Rezept: Blätterteig ausrollen, Formen ausstechen, mit Eigelb bestreichen und Gewürzen bestreuen	
◯	1,25 €	
◯	Firma Schmeck, 82646 Mannheim	
◯	Zutaten: Mehl, Wasser, Salz, Emulgator	
◯	100 g = 725 Kcal, EW, KH, Fett …	
◯	10 % mehr Inhalt	

Pikante Blätterteigtaschen

Menge	Zutaten	Zubereitung
 1 kl. 100 g 1 EL 2 EL 2 EL 1 Pr. 1 Pr.	Füllung: Zwiebel Schinken Öl Käse (gerieben) Sauerrahm Salz Pfeffer	1. Zwiebel und Schinken in Würfel schneiden 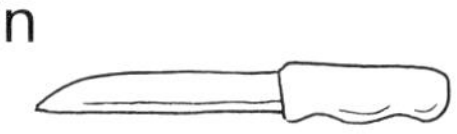 2. Zwiebel und Schinken andünsten, etwas abkühlen lassen 3. Käse, Sauerrahm und Gewürze zugeben
3 Sch. 1	Blätterteig Eigelb	4. Blätterteig ausrollen 5. Schinkenmasse portionieren und zu einer Tasche formen (Ränder mit einer Gabel festdrücken) 6. Blätterteigtaschen mit Eigelb bestreichen 7. Taschen bei 180° C ca. 15 Minuten backen

Die Lebensmittelkennzeichnung:

- Schützt den Verbraucher
- Ist nötig für Reklamation.
- Ist gut für den Preisvergleich.
- Ist wichtig für Menschen mit Allergien.

Lösung: Seite 149

Name:	Klasse:	Datum:	Fach:	Nr.:

Lebensmittelkennzeichnung: Bist du fit?

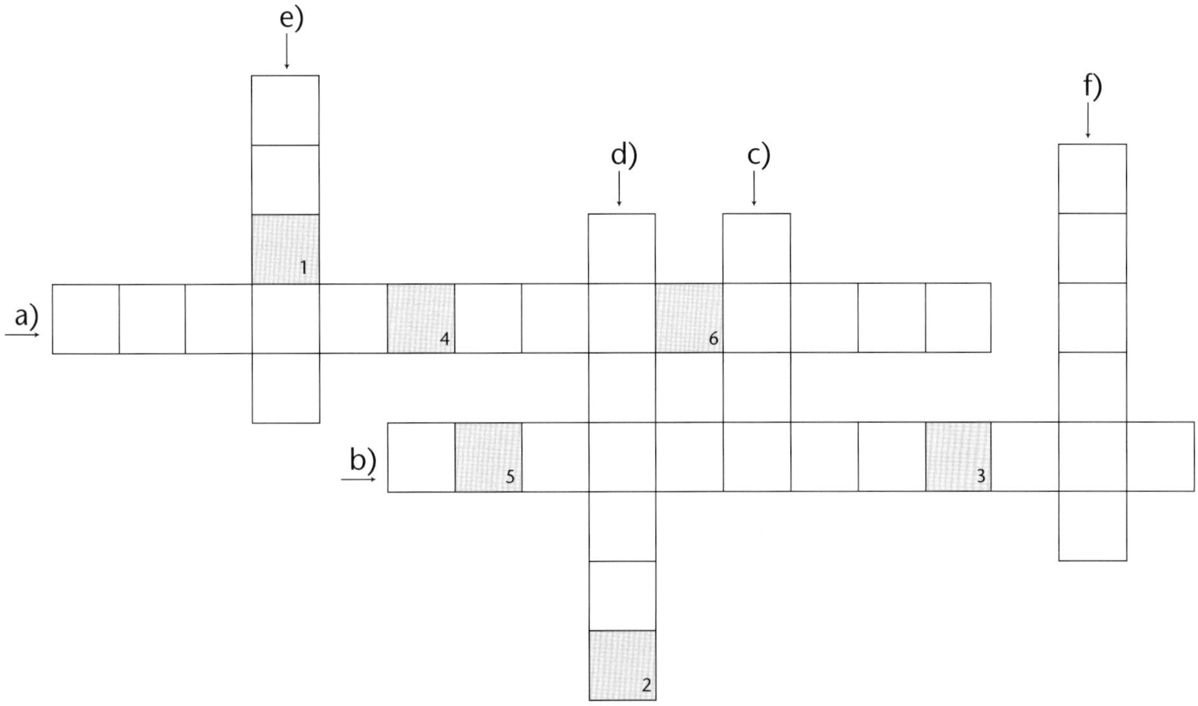

Fragen:

a) Gesetzlich vorgeschriebene Angaben sind . . . . !

b) Gibt die Inhaltsstoffe, des Lebensmittels an!

c) Verkehrsbezeichnung gibt den . . . . des Lebensmittels an!

d) Es gib Pflichtangaben und freiwillige . . . . !

e) Auf der Verpackung muss der . . . . . angegeben sein,
damit man weiß, wie viel es kostet.

f) Die Lebensmittelkennzeichnung dient als . . . . . . für den Verbraucher!

Lösungswort

													1		2			3		4		5		6
L	E	B	E	N	S	M	I	T	T	E	L	K		N		Z	E		C		N		N	

Lösung: Seite 149

Lösungsbaustein für Seite 43

Die mechanische Küchenwaage

Teile der Waage

Abstellfläche

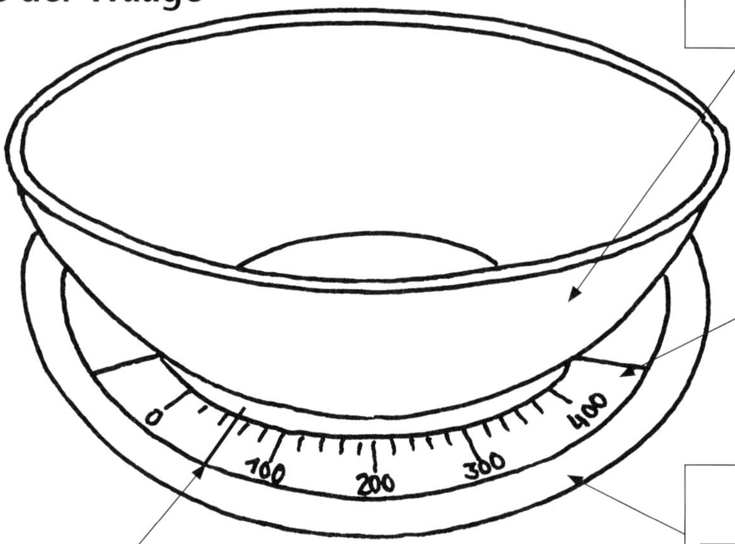

Messskala

Verschiebbare Fläche zum Zurückstellen auf „0"

Ablesestrich

Lösungsbaustein für Seite 45

Die elektronische Waage

Tasten der Waage

Abstellfläche

Display

Ein- und Ausschalttaste
On-/Off-Taste

Tara- oder Reset-Taste
⇨ Durch Drücken dieser Taste kann man die Waage auf „0" zurückstellen.

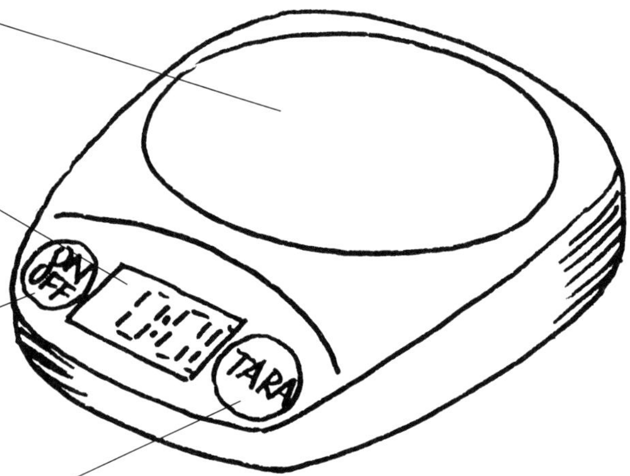

Lösungsbaustein für Seite 67

Wir bestreichen Brote

Der Arbeitsplatz

Platte

Brett oder Teller + Tafelmesser

Brot-aufstrich

Lösungsbaustein für Seite 69

Name: | Klasse: | Datum: | Fach: | Nr.:

Wir garnieren belegte Brote

Scheiben und Ringe

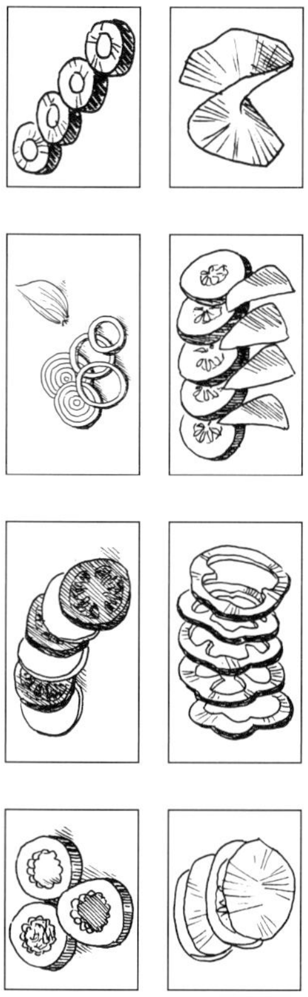

Geeignete Lebensmittel: *Gurke, Tomate, Eier, Zwiebel, Rettich, Radieschen, Paprika, Oliven*

Spalten

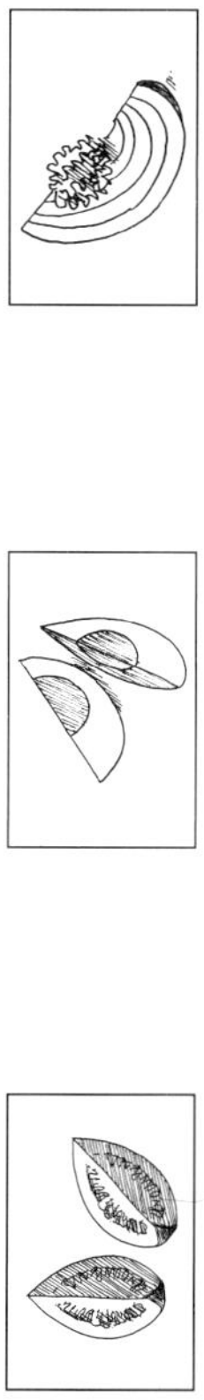

Geeignete Lebensmittel: *Tomaten, gekochte Eier, Zwiebel*

Ganze Lebensmittel

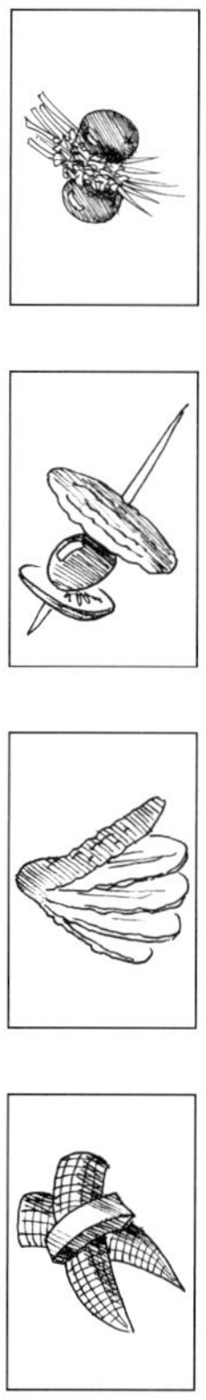

Geeignete Lebensmittel: *Oliven, Maiskolben, Essiggurken, Silberzwiebeln*

Geeignete Kräuter

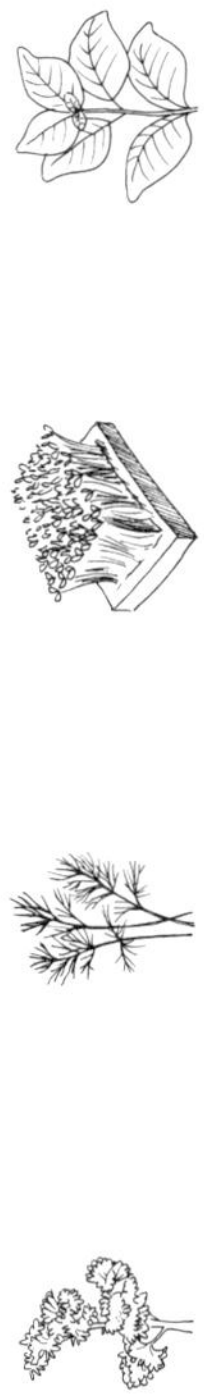

Petersilie | *Dill* | *Kresse* | *Basilikum*

Lösungsbaustein für Seite 85

Name:	Klasse:	Datum:	Fach:	Nr.:

Der Pürierstab

Ergänze die Namen der Teile.

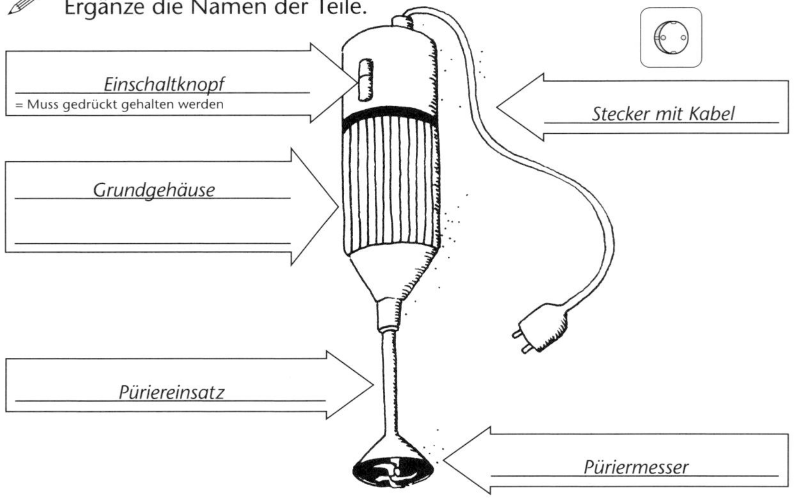

Nummeriere die Arbeitsschritte in der richtigen Reihenfolge.

3	Lebensmittel pürieren
1	Pürierstab zusammenbauen
4	Pürierstab ausstecken
2	Pürierstab einstecken
5	Pürierstab auseinandernehmen
7	Kabel aufwickeln
6	Pürierstab reinigen ➔ Es darf nur der Püriereinsatz gespült werden. ➔ Grundgehäuse mit einem feuchten Lappen abwischen

Lösungsbaustein für Seite 82

Name:	Klasse:	Datum:	Fach:	Nr.:

Die Teile des Handrührgerätes

Ergänze die Namen der Teile.

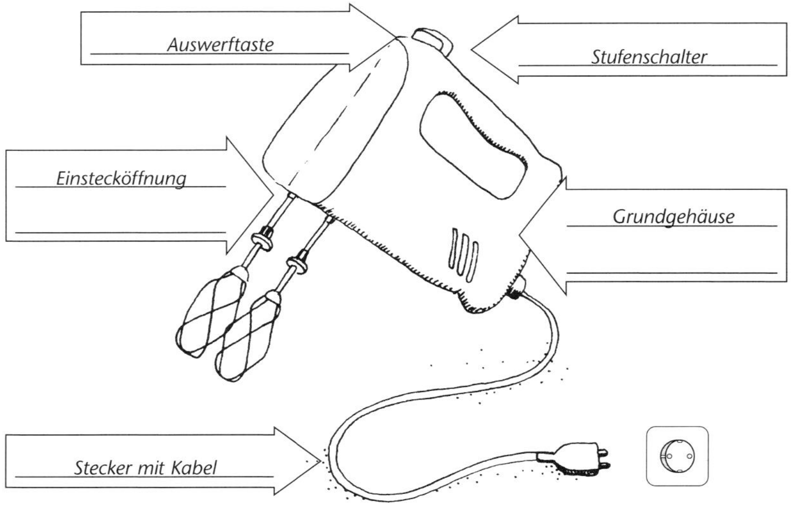

➔ Benenne die Einsätze und verbinde diese mit der richtigen Eignung.

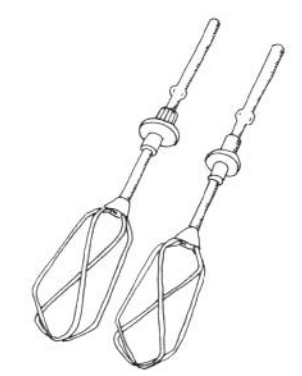	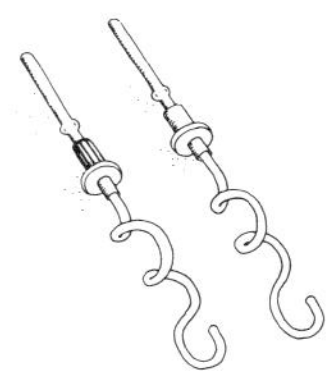	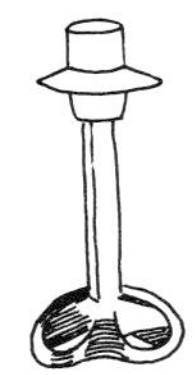
Rührbesen	*Knethaken*	*Pürierstab*
geeignet für **feste Teige,** z. B.: Hefeteig, Mürbteig	geeignet **zum Pürieren,** z. B.: cremige Suppen, Apfelmus	geeignet für **weiche Teige** und **Flüssigkeiten,** z. B.: Rührteig, Sahne schlagen

Lösungsbaustein für Seite 90

Name:	Klasse:	Datum:	Fach:	Nr.:

Der Herd

Schalterbedienung
Schalter können unterschiedlich sein:
z. B.:

Schalterleiste

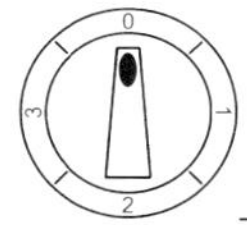
1 – 3

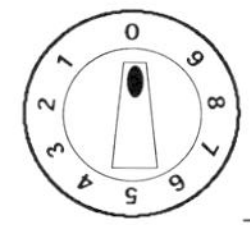
1 – 9

Ordne die Schalter den richtigen Heizringen zu.

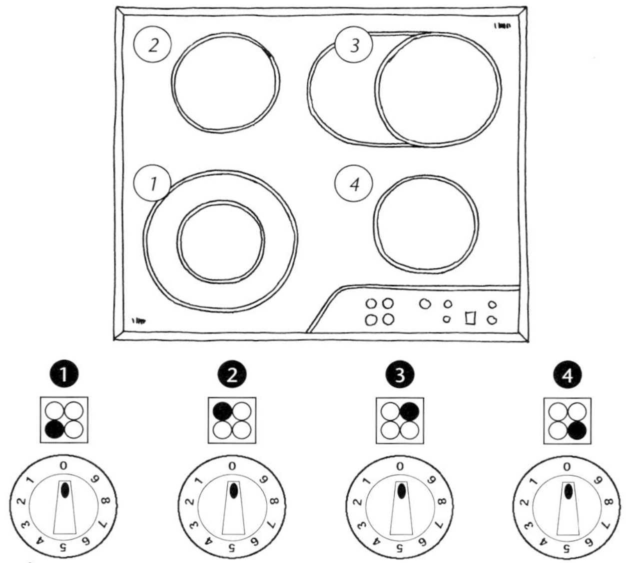

Merke:

Verwende Topflappen um Verbrennungen vorzubeugen

Lass den Pfannenstiel nicht über den Rand stehen um Unfälle zu vermeiden

Lösungsbaustein für Seite 92

Name:	Klasse:	Datum:	Fach:	Nr.:

Wir kochen Nudeln

Trage die sinnvolle Hitzezufuhr (mithilfe der Buchstaben) in die Kästchen ein.

S = schwache Hitze M = mittlere Hitze ST = starke Hitze

Spaghetti mit Tomatensoße

Menge	Zutaten	Zubereitung	
250 g	Spaghetti	1. Nudeln kochen	
		• Wasser zum Kochen bringen	*ST*
		• Nudeln, Salz und Öl zugeben	
		• Nudeln al dente (= bissfest) kochen	*M*
		• Nudeln abseihen und abschrecken	
1	Zwiebel	2. Zwiebel würfeln	
2 EL	Öl	3. Öl erhitzen	*ST*
		4. Zwiebel andünsten	*M*
1 D. 1/8 l	Tomatenpüree Brühe	5. Tomatenpüree zugeben, Brühe aufgießen	
etwas	Salz Pfeffer Basilikum Oregano	6. Soße 10 Min köcheln lassen	*M*
		7. Gewürze zugeben, abschmecken	*S*
		8. Soße und Nudeln anrichten	

Durch überlegtes Arbeiten können wir Energie sparen!

➔ Verbinde zu einem Satz.

Topfgröße ist gleich	denn bei reduzierter Hitze wird weniger Strom verbraucht.
Wenn möglich mit	der Herdplattengröße, damit keine Wärme verloren geht.
Rechtzeitig zurückschalten,	Deckel garen (außer Nudeln, Milch).
Verwende ebene Töpfe,	da so die Wärme besser geleitet werden kann.

(Lösung: Topfgröße ist gleich → der Herdplattengröße, damit keine Wärme verloren geht. Wenn möglich mit → Deckel garen (außer Nudeln, Milch). Rechtzeitig zurückschalten, → denn bei reduzierter Hitze wird weniger Strom verbraucht. Verwende ebene Töpfe, → da so die Wärme besser geleitet werden kann.)

Lösungsbaustein für Seite 116 und Seite 117

Name:	Klasse:	Datum:	Fach:	Nr.:

Lebensmittelgruppe Getränke

Wie viel soll man täglich trinken?

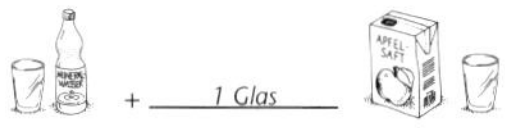

5 Glas + *1 Glas*

Wann soll man mehr trinken?

Sport *Hitze* *Arbeit* *Fieber*

→ Welche Getränke soll man trinken? Verbinde mit Pfeilen.

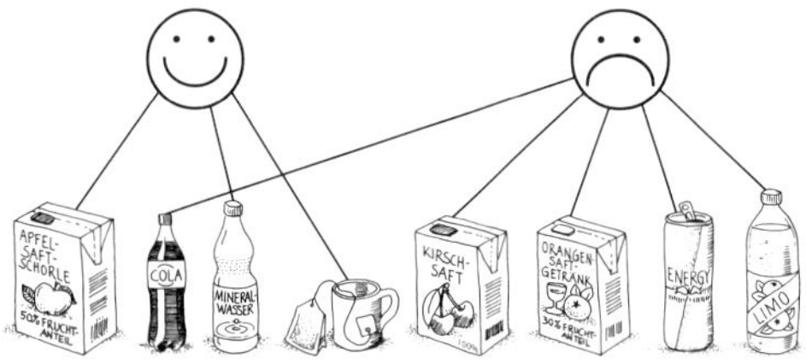

Begründe deine Entscheidung! Welche schädlichen Inhaltsstoffe enthalten die ☹-Getränke?

Zucker, Koffein, Farbstoff, Aromen etc.

Name:	Klasse:	Datum:	Fach:	Nr.:

Lebensmittelgruppe Getreide und Kartoffeln

Wie viel soll man täglich essen?

4 Scheiben Brot + *1 Portion Nudeln, Reis oder Kartoffeln*

Warum soll man Vollkornprodukte bevorzugen? Begründe.

Vollkornprodukte enthalten die Randschichten des Getreidekorns, die besonders viele Vitamine und Mineralstoffe enthalten.

Vollkornprodukte enthalten Ballaststoffe, die gut für die Verdauung sind und satt machen.

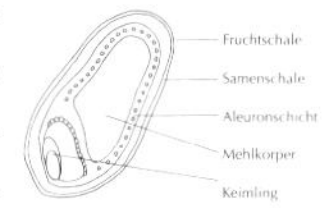

→ Verbinde mit Pfeilen. Begründe deine Entscheidung.

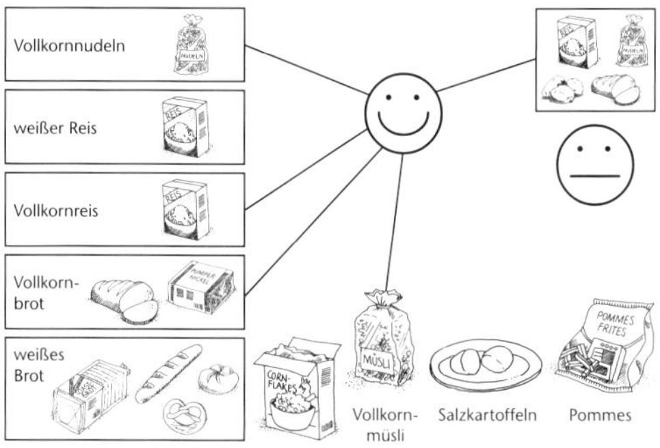

Lösungsbaustein für Seite 118 und Seite 122

Name:	Klasse:	Datum:	Fach:	Nr.:

Lebensmittelgruppe Obst und Gemüse

Wie viele Portionen soll man täglich essen bzw. trinken?

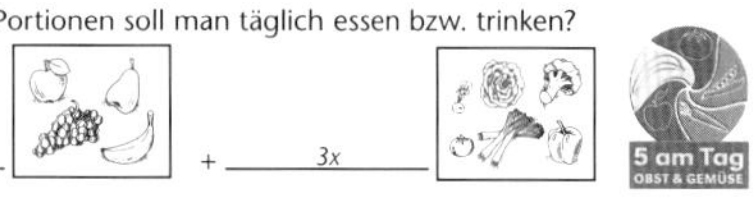

2x + *3x*

Finde die Bausteine in der Ernährungspyramide und male sie aus.

Ein Baustein kann auch als  *1* Glas Saft getrunken werden.

Eine Portion ist so viel wie *1* Handvoll.

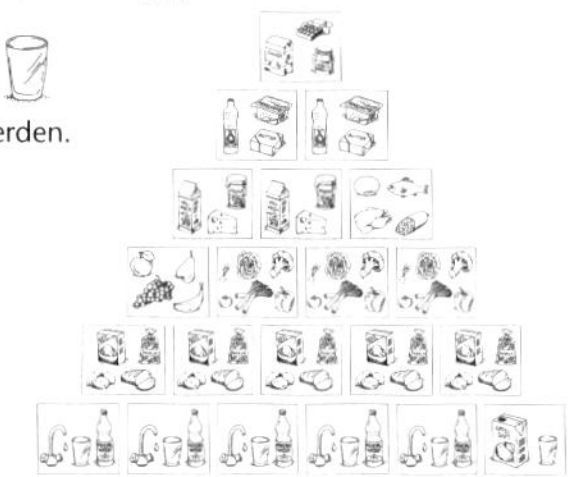

Warum sind Obst und Gemüse so gesund? Begründe.

Obst und Gemüse enthalten viele Vitamine und Mineralstoffe, die wichtig für die Gesundheit sind.

Obst und Gemüse enthalten viele Ballaststoffe, die gut für die Verdauung sind.

Obst und Gemüse machen satt und haben wenig Kalorien.

Sommersmoothie

Menge	Zutaten	Zubereitung
400 g 300 g 1/2 l 1 EL	Nektarinen Karotten Orangensaft Crème fraîche	1. Obst und Gemüse waschen, Karotten schälen, in kleine Stücke schneiden 2. Sehr fein pürieren 3. Mit Saft und Crème fraîche verrühren

Name:	Klasse:	Datum:	Fach:	Nr.:

Lebensmittelgruppe Süßes

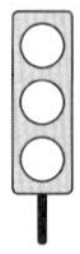

Male die Ampel in den Ampelfarben aus.

→ Verbinde das Süße mit der richtigen Ampelfarbe.

Warum ist Zucker ungesund? Begründe.

Zucker enthält viele Kalorien, macht daher dick.

Zucker verursacht Karies und ist schlecht für die Zähne.

Zucker stiehlt Vitamine im Darm.

Womit kann man Zucker ersetzen?

Süße Früchte, Honig, Ahornsirup

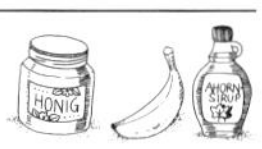

Welche zusätzlichen Inhaltsstoffe machen diese süßen Lebensmittel gesünder? *Vitamine, Mineralstoffe, Ballaststoffe, etc.*

Zähle die Zuckerstücke in süßen Lebensmitteln.

 ______ Stücke

 ______ Stücke

 ______ Stücke

 ______ Stücke

 ______ Stücke

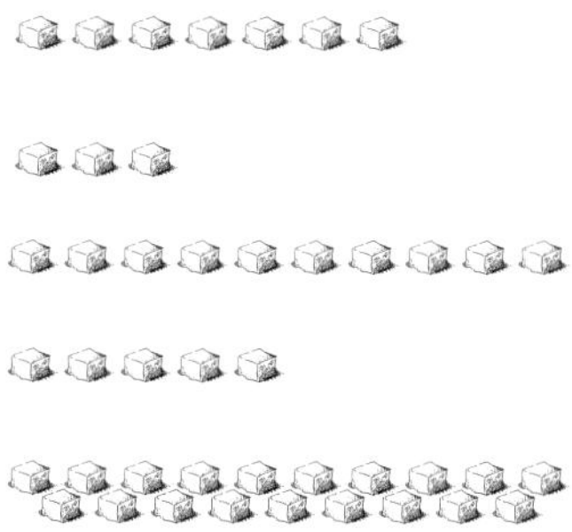

Lösungsbaustein für Seite 119 und Seite 120

Name:	Klasse:	Datum:	Fach:	Nr.:

Lebensmittelgruppe Milch und Milchprodukte

Wie viel Milch oder Milchprodukte sollst du täglich trinken oder essen?

3 Tassen oder *1* Tasse + *5 S.* + *1 B.*

Welche Nährstoffe machen die Milch so gesund? Ergänze.

Kalcium | Gehirn und Muskeln | Eiweiß | Knochen und Zähne

Eiweiß für *Gehirn und Muskeln*

Calcium für *Knochen und Zähne*

Welche Produkte soll man essen oder trinken? Verbinde mit Pfeilen.

Begründe deine Entscheidung. Welche Inhaltsstoffe enthalten die ☹-Milchprodukte? *Zucker oder Fett*

Name:	Klasse:	Datum:	Fach:	Nr.:

Lebensmittelgruppe Fleisch, Fisch und Eier

Welche Tiere liefern Fleisch, Fisch und Eier? Verbinde.

Wie viele Portionen isst du pro Woche?

Fisch	Fleisch	Wurst	Eier
1–2 x	*2–3 x*	*2–3 x*	*2–3 Stück*

Bewerte Fleisch, Fisch und Eier: Verbinde.

Fleisch, Fisch und Eier enthalten sehr viel … — Eiweiß. Das ist ein wichtiger Baustoff für den Körper.

Wenn man jedoch zu viel davon isst, kann das z. B. zu … — Gicht und einem erhöhten Cholesterinspiegel führen.

Fisch enthält neben Eiweiß sehr viel … — Jod, das gegen einen Kropf hilft und Omega-3-Fettsäuren, die gut für das Herz sind.

Da du nicht jeden Tag Fleisch, Fisch oder Eier essen kannst, überlege dir ein paar Speisen ohne diese Lebensmittel.

Lösungsbaustein für Seite 142 und Seite 143

Name:	Klasse:	Datum:	Fach:	Nr.:

Die Lebensmittelkennzeichnung

Ordne die Angaben richtig zu.

- Pflichtangaben = (P)
- Freiwillige Angaben = (F)

Verkehrsbezeichnung | Preis | Hersteller | Nährwertangaben | Werbung | Zutatenliste | Rezepte | Mengenangabe

(P)	500 g	*Mengenangabe*
(P)	Blätterteig	*Verkehrsbezeichnung*
(F)	Rezept: Blätterteig ausrollen, Formen ausstechen, mit Eigelb bestreichen und Gewürzen bestreuen	*Rezepte*
(P)	1,25 €	*Preis*
(P)	Firma Schmeck, 82646 Mannheim	*Hersteller*
(P)	Zutaten: Mehl, Wasser, Salz, Emulgator	*Zutatenliste*
(F)	100 g = 725 Kcal, EW, KH, Fett …	*Nährwertangaben*
(F)	10 % mehr Inhalt	*Werbung*

Pikante Blätterteigtaschen

Menge	Zutaten	Zubereitung
	Füllung:	
1 kl.	Zwiebel	1. Zwiebel und Schinken in Würfel schneiden
100 g	Schinken	
1 EL	Öl	2. Zwiebel und Schinken andünsten, etwas abkühlen lassen
2 EL	Käse (gerieben)	
2 EL	Sauerrahm	3. Käse, Sauerrahm und Gewürze zugeben
1 Pr.	Salz	
1 Pr.	Pfeffer	
3 Sch.	Blätterteig	4. Blätterteig ausrollen 5. Schinkenmasse portionieren und zu einer Tasche formen (Ränder mit einer Gabel festdrücken)
1	Eigelb	6. Blätterteigtaschen mit Eigelb bestreichen 7. Taschen bei 180° C ca. 15 Minuten backen

Die Lebensmittelkennzeichnung:
- Schützt den Verbraucher
- Ist nötig für Reklamation.
- Ist gut für den Preisvergleich.
- Ist wichtig für Menschen mit Allergien.

Name:	Klasse:	Datum:	Fach:	Nr.:

Lebensmittelkennzeichnung: Bist du fit?

a) PFLICHTANGABEN
b) ZUTATENLISTE
c) NAME
d) ANGABEN
e) PREIS
f) SCHUTZ

Fragen:

a) Gesetzlich vorgeschriebene Angaben sind . . . . !

b) Gibt die Inhaltsstoffe, des Lebensmittels an!

c) Verkehrsbezeichnung gibt den . . . . des Lebensmittels an!

d) Es gib Pflichtangaben und freiwillige . . . . !

e) Auf der Verpackung muss der . . . . . angegeben sein, damit man weiß, wie viel es kostet.

f) Die Lebensmittelkennzeichnung dient als . . . . . . für den Verbraucher!

Lösungswort

L E B E N S M I T T E L K E N N Z E I C H N U N G (1 2 3 4 5 6)

13 Rezeptverzeichnis

14 Abkürzungen

AB	Arbeitsblatt
Bd.	Bund
D.	Dose
EL	Esslöffel
GMA	Garmachungsart
LM	Lebensmittel
Msp.	Messerspitze
P.	Päckchen
Pr.	Prise
St.	Stück
Sch.	Scheibe
TL	Teelöffel

6.1 Garverfahren

Memory® „Garverfahren“

Methodische Hinweise:

- Kärtchen kopieren, laminieren, ausschneiden
- Schüler ordnen die Definitionen den Garmachungsarten zu.

Kochen 	**Definition:** Garen in reichlich Flüssigkeit bei ca. 100 °C	**Dünsten** 	**Definition:** Garen im eigenen Saft mit wenig Fett und wenig Flüssigkeit bei ca. 100 °C
Druckgaren 	**Definition:** Garen durch Wasserdampf und Druck bei Temperaturen von 105–120 °C	**Braten (Pfanne)** 	**Definition:** Garen in der Pfanne in heißem Fett bei ca. 120–180 °C
Braten (Ofen) 	**Definition:** Garen im Backofen in heißer Luft und mit heißem Fett bei ca. 200–220 °C	**Backen (Ofen)** 	**Definition:** Garen im Backofen in heißer Luft bei ca. 120–250 °C
Grillen 	**Definition:** Garen im Ofen oder auf dem Grill unter Bräunung durch Strahlungswärme bei ca. 300 °C	**Schmoren** 	**Definition:** Kräftiges Anbräunen in heißem Fett bei ca. 180 °C, anschließendes Garen mit Flüssigkeit bei ca. 100 °C im geschlossenen Topf
Überbacken 	**Definition:** Bräunen und Verkrusten der Oberfläche durch trockene Hitze bei ca. 200–250 °C	**Frittieren** 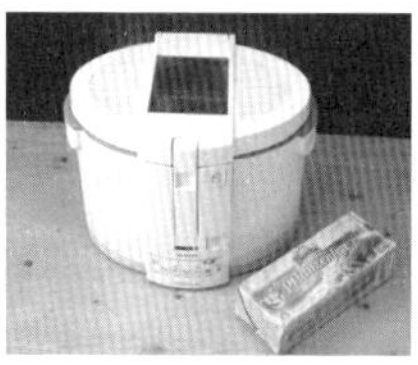	**Definition:** Garen im schwimmenden, heißen Fett bei 160–220 °C